ESTAMPES ET PORTRAITS

DES

XVIIe ET XVIIIe SIÈCLES

IMPRIMÉS EN NOIR ET EN COULEURS

CONDITIONS DE LA VENTE

Elle sera faite au comptant.

Les acquéreurs paieront 10 p. 100 en sus des enchères.

M. Danlos se réserve la faculté de réunir ou de diviser les lots.

La Collection sera exposée quai Voltaire, n° 15, du lundi 14 au mercredi 16 mars.

ORDRE DES VACATIONS

Le Jeudi 17 mars. . . . . Nos 1 à 148

. . . . — 153 à 173

Le vendredi 18 mars . . . . Nos 174 à 295

. . . . — 149 à 152

. . . . — 296 à fin.

CATALOGUE

DES

ESTAMPES

DE

L'ÉCOLE FRANÇAISE

DU XVIIIe SIÈCLE

IMPRIMÉES EN NOIR ET EN COULEURS

PORTRAITS & PIÈCES HISTORIQUES

Par et d'après

A. BOSSÉ, COCHIN, DEBUCOURT, LES DREVET,

EDELINCK, FREUDEBERG, JANINET, LAWREINCE, NANTEUIL,

SCHMIDT, WILLE, ETC.

DONT LA VENTE AURA LIEU

A Paris, Hôtel Drouot, Salle nº 10

Les 17 et 18 mars 1910

A DEUX HEURES

Par le ministère de Mᵉ **BAUDOIN**, commissaire-priseur

RUE GRANGE-BATELIÈRE, 10

Assisté de **M. A. DANLOS**, marchand d'estampes

QUAI VOLTAIRE, 15

ALIX (P.-M.)

1. MOLIÈRE (J.-B. Poquelin de), en buste, dans une bordure ovale reposant sur une tablette où est représentée la scène VIIe du 4e acte de Tartuffe; gravé d'après Garneray.

   Très belle épreuve imprimée en couleurs.

2. BERNADOTTE, en pied, gravé à la manière noire, d'après Hilaire Le Dru. In-f^o.

   Très belle épreuve avec marge.

ANONYME

3. MARIE-ANTOINETTE D'AUTRICHE, reine de France; petit médaillon ovale gravé au pointillé d'après Boze?

   Très belle et rare épreuve imprimée en couleurs. Marge.

ARDELL (Mac)

4. *The Right Honourable Henri Fox Esqr, secretary of state,* gravé, à la manière noire, d'après Liotard. In-f^o.

   Très belle épreuve.

5. PUNT, graveur, représenté à mi-jambes, assis dans son atelier. In-f^o.

   Superbe épreuve avant toutes lettres.

AUDOUIN et HENRIQUEL DUPONT

6. Louis XVIII dans son cabinet. — Louis-Philippe en pied. 2 portraits grand in-f°.

Superbes épreuves avant toutes lettres.

BALÉCHOU (J.-J.)

7. Crébillon (Jolyot de). — Rollin (Ch.). — La Popelinière. 3 portraits, in-f°, gravés d'après Aved et Coypel.

Très belles épreuves.

BÉATRIZET (N.)

8. Henri II, roi de France, vu de face dans une bordure ovale ornée de chaque côté de figures allégoriques et décorée, dans le haut, des armes Royales (R. D. 40). In-f°.

Très belle épreuve.

BEISSON (E.)

9. Marat, d'après le tableau peint, d'après nature, par Boze. In-f°.

Très belle épreuve avant la lettre.

BERVIC (Ch.-Cl.).

9 bis. Louis XVI, roi de France, debout en pied sur le trône, d'après Callet. Grand in-f°.

Très belle épreuve avant la déchirure, signée du graveur. Marge.

BONNET

10. Du Barry (Madame la Comtesse), médaillon ovale, in-8°, entouré d'une guirlande de roses.

Très belle épreuve imprimée en couleurs.

BORCHARDT (d'après C.)

11. *A good Boy*, gravé à la manière noire par C. H. Hodges.

> Très belle épreuve imprimée en couleurs.
> Cadre en bois doré et sculpté, époque Louis XVI.

BOSSE (Ab.)

12. L'Enfant prodigue; suite de 6 pièces (D. 34-39).

> Très belles épreuves avec marges.

13. Les Vierges sages et les vierges folles; suite de 7 pièces (43-49).

> Superbes épreuves avec le tracé des lignes très apparent. Marges.

14. Les noms, surnoms, qualitez, armes et blasons des chevaliers et officiers de l'ordre du Saint-Esprit; suite de 4 pièces (1207-1210).

> Très belles épreuves, le titre est fort rare.

15. La Joye de la France (1226).

> Très belle épreuve. Marge.

16. L'Infirmerie de l'hôpital de la Charité de Paris (1266).

> Très belle épreuve.

17. L'Hôtel de Bourgogne (1268).

> Très belle épreuve.

BRACQUEMOND (F.)

18. Méryon (Charles), gravé à l'eau-forte d'après nature (B. 78). In-4°.

> Très belle épreuve sur papier de Chine volant.

19. CLADEL (Léon). — COMTE (Auguste). — DIDIER (Jules). — GONCOURT (Edmond et Jules de). — KEAN (Charles). — LAURENS (Jules). — LEGROS (Alphonse). 7 portraits in-4° et in-f°.

Superbes épreuves, le portrait de Legros est du 1er état.

BRETON et BOILLET (à Paris chez)

20. *The little Punderer*, petite pièce ovale gravée au pointillé.

Très belle épreuve en couleurs.

CARDON (A.)

21. *Général Thaddeus Kosciuszko*, couché sur un canapé. d'après R. Cosway. In-f°.

Très belle épreuve. Rare.

CARICATURES

22. Caricatures politiques publiées en 1814 et en 1815. 34 pièces.

Épreuves coloriées ayant toutes leurs marges.

CARMONTELLE (d'après L. CARROGIS de)

23. Monseigneur le Duc DE CHEVREUSE. — Monsieur le Comte DE DUNOIS. son fils. 2 portraits, in-4°, en pied, gravés par A. de Saint-Aubin et Fessard.

Très belles épreuves tirées sur la même feuille.

24. FRANKLIN, assis, son chapeau posé sur le texte des lois de Pensylvanie: gravé par Née. Petit in-f°.

Très belle épreuve. Marge.

25. L'Abbé ALLAIRE, épreuve à l'état d'eau-forte. — Le Baron DE BEZENVAL, 1er état. — BRIZARD. 2 épreuves

eau-forte et avec lettre. — DUREY DE MEYNIÈRES DE
BOURNEVILLE. — CHAUVELIN. — CLAIRAULT. —
G. F. DE FONTENAY. 8 portraits, en pied, gravés la
plupart par Delafosse.

> Très belles épreuves.

26. Le Conseiller LAMBERT. — Le Président MENIÈRES. —
Le Comte DE MILLY. — Le Chevalier DE MONTBAR-
REY et le Marquis D'ENTRAGUES. — TRUDAINE DE
MONSIGNY, épreuve avant la lettre. — Le Comte DE
WALDNER. — Joseph XAUPI. 7 portraits en pied, petit
in-f°, par divers graveurs.

> Très belles épreuves.

27. Jeune femme, vue de profil, brodant à l'aide d'un petit
métier posé sur ses genoux; gravé par Demarteau.
N° 336.

> Très belle épreuve tirée à la sanguine. Marge.

CARS (L.)

28. CONTI (Louis-François de Bourbon, prince de), d'après
P. Le Maire. In-f°.

> Très belle épreuve.

CATHELIN (L.-J.)

29. PARIS DE MONTMARTEL (Jean), financier, assis en pied
dans son cabinet; la tête est gravée d'après La Tour,
l'habillement et le fond d'après C. N. Cochin. Grand
in-f°.

> Très belle épreuve.

CHALLE (d'après M.-A.)

30. Le Retour des vendanges, par Buisson.

> Superbe et rare épreuve avant toutes lettres. Marge.

31. Le modèle disposé, par Chaponnier.

> Très belle épreuve. Cadre doré style Louis XVI.

CITALIS (S.)

32. Louis XVII. — MARIE-THÉRÈRE-CHARLOTTE, *Madame,* en buste, dans des bordures ovales entourées de drapeaux et de guirlandes de fleurs. 2 portraits, in-f°, gravés d'après Miery.

> Très belles et très rares épreuves tirées en bistre, les figures en couleurs. Grandes marges.

COCHIN (par et d'après C. N.)

33. Collection de 144 portraits in-4°, dont vingt doubles en différents états, formant l'œuvre presque complet des portraits gravés par et d'après le maître :

> CH. N. COCHIN. — D'ALEMBERT. — BASAN. — BEAUJON. — Comte DE BRULH. — CHARDIN. — Mme CHARDIN. — CHEVERT. — CRÉBILLON. — COUSTOU. — DESCHAMPS. — Mme FAVART. — LADY HERVEY. — Mlle LECOMTE. — Mis DE MARIGNY. — SOPHIE LECOULTEUX DU MOLAY. — LEMOYNE. — PERRONAU. — SEROUX D'AGINCOURT. — L. DE SILVESTRE. — Cte DE VENCE. — WATTELET, etc.
>
> Les épreuves composant ce très bel œuvre sont superbes, elles sont très fraîches et ont presque toutes de grandes marges.

COSTUMES (Pièces sur les)

34. Collection de portraits in-4°, en pied, de souverains, grands seigneurs et grandes dames, vêtus en modes nouvelles et habillements à la mode de l'époque Louis XIV, gravés par H. et N. Bonnart, Bercy, Mariette et Trouvain.

27 pièces des plus intéressantes et comme costumes et comme portraits, parmi lesquelles on remarque :

Le Grand Dauphin. — Duc de Bourbon. — Duc d'Anjou. — Duc du Maine. — Duc et Duchesse de Chartres. — Mlle d'Orléans. — Duchesse d'Albret. — Princesse de Conty. — Mme de Ludre. — Mlle de Mennetoud, à sa toilette. — Marquise de Richelieu. — Duchesse de Roquelaure. — M^se de Villequier.

Les épreuves sont très belles et très fraîches.

35. Galerie des modes et costumes Français; planches 112. 236 et 238. 3 pièces d'après Le Clerc.

Très belles et très fraîches épreuves coloriées. Marges,

36. La Galerie Dramatique; réunion de 165 portraits costumes d'acteurs et d'actrices en pied, publiés chez Martinet, dont 150 sont des cinq cents premiers numéros de l'ouvrage.

Très fraîches épreuves coloriées.

CURTIS

37. Marie-Antoinette d'Autriche, reine de France, d'après Defroe; médaillon ovale in-f°.

Superbe épreuve tirée en bistre. Marge.

DAGOTY (Gauthier), le père

38. Arouet de Voltaire, d'après Gautier Dagoty fils. In-4°.

Superbe épreuve avec marge.

39. Dufresny, auteur dramatique, en buste, assis à sa table de travail et tenant sa plume à la main. Grand in-f°. ovale.

Très belle épreuve imprimée en couleurs; au verso une autre estampe du même graveur, également imprimée en couleurs, représentant une scène de l'histoire romaine.

DAULLÉ (J.)

40. Feuquières (Cath. Mignard, comtesse de), d'après P. Mignard. In-f°.

> Superbe épreuve avant l'adresse. Sans marge sur les côtés.

41. Frédéric-Auguste III. — Marie-Thérèse, reine de Hongrie. — Louis XV. — Duc d'Orléans. — — Racine. — M. de Nestier, à cheval. 6 portraits in-4° et in-f°.

> Très belles épreuves.

DEBUCOURT (L. Ph.)

42. Les deux baisers, d'après le tableau du maître exposé au salon de 1785, sous le titre : *La Feinte caresse* (M. F. 7).

> Magnifique épreuve imprimée en couleurs, elle est très fraîche et a la marge du cuivre.

43. Le Menuet de la Mariée, 1786 (8).

> Très belle épreuve, imprimée en couleurs, avant toutes retouches et avant qu'un 2ᵉ et un 3ᵉ points aient été ajoutés après la date de 1786. Marge.

44. La Rose. — La Main, 1788 (17 et 18).

> Deux des plus charmantes pièces du maître faisant pendants.
> Superbes épreuves imprimées en couleurs, elles sont de la plus grande fraîcheur et ont de très grandes marges. Excessivement rares de cette qualité.

45. Les Courses du Matin ou la porte d'un riche (173).

> Très belle epreuve. Grande marge.

46. Promenade anglaise, d'après C. Vernet.

> Très belle épreuve en couleurs.

47. La Calèche, d'après C. Vernet.

> Très belle épreuve. Encadrée.

DEBUCOURT (d'après)

48. Vive le Roy, par A. Legrand (25).

> Très belle épreuve tirée avant les modifications qu'a subies la planche par la suite.

DELF (W. G.)

49. Bavière (Wolfang-Wilhem de), comte Palatin, d'après Miereveld (F. 68). In-f°.

> Très belle épreuve du 1er état : avant que l'année 1630 ait été convertie en 1631.

DEMARTEAU (G.)

50. Huet (J. B.), d'après lui-même (titre du 1er cahier de ses œuvres). In-f° oblong.

> Très belle épreuve imprimée à la sanguine.

51. L'abbé Pommyer d'après Cochin. — Portrait d'homme en buste, de profil à gauche ; médaillon ovale reposant sur une tablette où on ne lit aucune inscription. 2 pièces in-4° et in-8°.

> Très belles épreuves, la première pièce est tirée à la sanguine, la seconde aux crayons de couleurs.

DENON (Le Baron Vivant)

52. Partie de son œuvre.

> 22 pièces, dont vingt eaux-fortes et une lithographie, parmi lesquelles on remarque :

> Denon à différents âges. — Aubourg, Md de curiosités à Paris. — Barrère à la tribune. — Cath. Citto. —

Mlle Cottelini, actrice. — Lady Hamilton. — Joly, garde des estampes de la Bibliothèque Nationale. — Mme Vigée Lebrun. — La Comtesse Marin. — La Comtesse Stolberg, etc.

Très belles et très fraîches épreuves ayant de très grandes marges.

DESCOURTIS? (Ch. M?)

53. Frederica Louisa Wilhelmina, princesse d'Orange et de Nassau. In-f° gravé à la manière noire.

Très belle épreuve. Rare.

DEVÉRIA (A. et E.)

54. Les filles du Roi Louis-Philippe. — A. de Lamartine. — David d'Angers. 3 portraits in-f°.

Très belles épreuves sur chine et sur blanc.

DIVERS

55. Prince de Conti. — Chevaleret. — Chupin. — Anne de Harlay, abbesse de l'Abbaye-aux-Bois. — Abbé de Louvois. — J. de Malherbe. — F. Quesnel. — Séguier. 8 portraits, in-f°, gravés par Huret, Humblot, M. Lasne, Tardieu et autres artistes.

Très belles épreuves.

56. Louis XV, roi de France. 3 portraits in-f° différents, gravés par Benoist et Wille.

Très belles épreuves.

57. Bonneval (J.-J.). — Lekain (H. L.). — Chanville. — Mlle Mars. 4 portraits, in-f°, d'artistes de la Comédie-Française, gravés par Michel de Lorraine et Lignon.

Très belles épreuves ; le portrait de Mlle Mars est avant toutes lettres.

58. Louis XVI, roi de France. — Livry (Nicolas), évêque de Callimaque. — Portrait d'ecclésiastique. 3 portraits, in-f°, gravés par Romanet et Massard.

> Superbes épreuves avant toutes lettres; la dernière pièce est non terminée.

59. Orléans (Louis-Philippe, duc d'). — Artois (Charles-Philippe de France, comte d'). — Condé (Louis-Joseph de Bourbon, prince de). 3 portraits, in-f°, gravés par Brookshaw, Freschis et Cathelin.

> Très belles épreuves.

60. De Bonneval. — H. de Cossé-Brissac, abbé de Fonfroide. — Cardinal Fleury. — César de Rochechouart. — Tyndall. 5 portraits, in-f°, gravés par Chereau, M. Horthemels. Tardieu et autres artistes.

> Très belles épreuves.

61. Biron (duc de). — Delille. — Masers de Latude. — Duc de Luynes. — De Saussure. 5 portraits, in-f°, gravés par Baudoin, Ingouf, Vangelisty et autres.

> Très belles épreuves; le portrait de Delille est avant toutes lettres.

62. Allegrain (Christian-Gabriel), sculpteur. — Nicol, littérateur. — Vanloo (Michel), peintre. — Vien (Joseph), peintre. — Boudan, imprimeur. 5 portraits, in-f°, par Klauber, Tardieu, Miger et Sarrabat.

> Très belles épreuves, le portrait d'Allegrain est avant la dédicace.

63. Albe (duc d'). — Bragance (Don Pedro de). — Charles-Emmanuel III. — Comte et Comtesse Durazzo. — Comtesse de Maens. — Victor-Amédée III, roi de Sardaigne, etc, 8 portraits, in-f°, gravés par Chevillet, Moles, A. de Saint-Aubin, etc.

> Très belles épreuves, deux sont avant la lettre.

64. **Baptiste aîné.** — **Delacroix.** — **Firmin.** — **Levé** (Alvarès). — **Hoe** (R.), président du Grolier-Club de New-York, etc. 6 portraits, in-f°, gravés et lithographiés par Devéria, Grevedon et autres artistes.

> Très belles épreuves.

DREVET (P.)

65. **Beauvau du Rivau** (René-François de), archevêque de Narbonne, d'après H. Rigaud (F. Didot 17). In-f°.

> Superbe épreuve. Grande marge.

66. **Cotte** (Robert de), architecte, d'après H. Rigaud (34). In-f°.

> Superbe épreuve du 1ᵉʳ état : avant que le mot, *architecte*, ait été ajouté dans la première ligne de l'inscription. Rare.

67. **Louis XIV**, roi de France, debout en pied sur le trône, d'après H. Rigaud (55). Grand in-f°.

> Très belle épreuve. Marge.

68. **Louis XV**, roi de France, représenté enfant assis sur le trône (58). Grand in-f°.

> Très belle épreuve. Marge.

69. **Maine** (Louis-Auguste de Bourbon, prince de Dombes, duc du), d'après F. de Troy (60). Petit in-f°.

> Superbe épreuve.

70. **Le même Personnage**, d'après F. de Troy (62). Grand in-f°.

> Très belle épreuve avec marge. Fort rare.

71. **Toulouse** (Louis-Alexandre de Bourbon, comte de), grand amiral de France, d'après De Troy (63). Grand in-f°.

> Très belle épreuve avec marge. Très rare.

72. **Conti** (François-Louis de Bourbon, prince de), élu roi de Pologne en 1697, en pied, d'après H. Rigaud (66). Très grand in-f°.

> Très belle épreuve.

73. **Lambert** (Marie de Laubespine, Mme), d'après N. de Largillière (81). In-f°.

> Très belle épreuve du 2e état : avant que l'indication de la rue, dans l'adresse de Drevet, ait été supprimée.

74. **La Vrillière** (Louis-Phelippeaux, marquis de), d'après Gobert (85). In-f°.

> Très belle épreuve avec marge ; les armes sont coloriées.

75. **Noailles** (Louis-Antoine de), cardinal et archevêque de Paris, d'après H. Rigaud (101). In-f°.

> Superbe épreuve du 2e état : avant l'adresse de Bligny. Grande marge.

76. **Rancé** (L'abbé de), réformateur de la Trappe, d'après H. Rigaud. In-8°.

> Très belle épreuve d'une estampe de la plus grande rareté ; on n'en connaît que 3 épreuves.

77. **Rigaud** (Maria Serre, Mme), mère de l'artiste, d'après lui-même (110). In-f°.

> Très belle épreuve.

78. **Rigaud** (H.), célèbre peintre de portraits, d'après lui-même (112). In-f°.

> Très belle épreuve du 2e état : avant la lettre, mais avec les noms des artistes gravés au-dessous du trait carré.

79. **Le même Portrait.**

> Très belle épreuve.

80. ROHAN (Armand-Gaston, prince de), cardinal, d'après
H. Rigaud (113). In-f°.

> Superbe épreuve du 4ᵉ état : avant que les vers, sur la
> tablette du socle, aient été effacés et avant la croix pastorale
> sur la poitrine du personnage. Marge.

81. VILLARS (Claude-Louis-Hector, duc de), maréchal de
France (123). In-f°.

> Superbe épreuve du 3ᵉ état : avant que l'inscription en
> neuf lignes, qui se lit dans la tablette, ait été remplacée par
> une autre inscription ne formant que six lignes.

82. BRUNET DE MONTFERRAND. — FÉLIBIEN. — BOILEAU. —
LAVERGNE DE TRESSAN, archevêque de Rouen (Le
petit bréviaire). 4 portraits in-8°.

> Très belles épreuves.

DREVET (P. I.)

83. ORLÉANS (Élisabeth-Charlotte de Bavière, duchesse d'),
d'après Rigaud (17). In-8° oblong.

> Très belle épreuve avant le texte au verso.

DREVET (Cl.)

84. SIZENDORF (Philippe-Louis, comte de), homme d'État
allemand, d'après H. Rigaud (15). In-f°.

> Très belle épreuve tirée avant qu'à la suite du nom du
> graveur la faute au mot *Parisis* ait été rectifiée en *Parisiis*.

DUPUIS (N.)

85. CZERNICHEW (Pierre Gregorievitz), comte de l'Empire
de Russie, sénateur..... Ambassadeur extraordinaire
et plénipotentiaire à la cour de S. M. Très chrétienne
etc., gravé d'après Roslin le Suédois. In-f°.

> Très belle épreuve.

EARLOM (R.)

86. AREMBERG (duc d'), grand portrait équestre gravé à la manière noire d'après Ant. Van Dyck.

> Superbe épreuve avant la lettre.

ÉCOLE ANGLAISE (XVIIIe siècle)

87. *Adélaïde*, médaillon rond, gravé par Auvray, représentant une scène de la Bergère des Alpes de Marmontel.

> Très belle épreuve imprimée en couleurs.

88. Jeune femme debout, au bord de la mer, dans l'attitude de la désolation : médaillon ovale.

> Très belle épreuve imprimée en couleurs.

ÉCOLE FRANÇAISE (XVIIIe siècle)

89. Mariage du dauphin avec Marie-Joséphine de Saxe. — Mariage du dauphin avec Marie-Antoinette d'Autriche. — La Justice protège les arts. — Frontispice de l'Encyclopédie. — Monument funéraire de Marie-Thérèse. 5 pièces allégoriques d'après Slodtz, Cochin et Guérin.

> Très belles épreuves avant, avec la lettre, et à l'état d'eau-forte.

90. Le départ et le retour du Milicien. — Le rival séducteur et l'amant vengé. — Les adieux de Calas à sa famille. — Le maître de danse. 6 pièces d'après Le Barbier, Ransonette et Canot.

> Très belles épreuves.

91. Le Charlatan Français. — Vignettes pour la Nouvelle Héloïse. 3 pièces d'après Duplessis Bertaux et Moreau.

> Très belles épreuves.

92. La Surprise. — Érigone. — Le Concert. — Les Nymphes au bain.

> 4 pièces à l'état d'eau-forte.

EDELINCK (G.)

93. Sainte Madeleine, d'après Ch. Le Brun (Portrait de Mlle de La Vallière?) (R. D. 32). In-f°.

> Très belle épreuve tirée avant que l'adresse de la rue du Foin ait été remplacée par celle des Galleries du Louvre.

94. Hozier (Ch. d'), généalogiste du roi, d'après H. Rigaud (184). In-f°.

> Très belle épreuve. Marge.

95. Leuwen (Gerbrand van), professeur à Amsterdam. d'après A. Boonen (239). In-f°.

> Superbe épreuve du 1ᵉʳ état : avant l'inscription sur la bordure et les vers sur le socle. (Grande marge.

96. Lionne (Jules-Paul de), aumônier du roi. prieur de Saint-Martin des Champs, d'après Tortebat (247). In-f°.

> Très belle épreuve du 2ᵉ état : avant que la dédicace à C. Martin ait été enlevée.

97. Parent (Jean-Charles). chevalier romain, d'après Tortebat (287). In-f°.

> Superbe épreuve.

98. Simon (Pierre), graveur au burin. d'après P. Ernou (320). In-f°.

> Superbe épreuve du 2ᵉ des cinq états décrits : avant toute adresse.

99. Descartes. — Keller. — Michel Le Tellier. 3 portraits in-4°.

> Très belles épreuves.

100. DESCARTES. — FURETIÈRE. — DUC DE NOAILLES. — PASCAL. 4 portraits petit in-f°.

> Très belles épreuves, le portrait du duc de Noailles est du 1er état.

101. ANTOINE ARNAUD. — MICHEL LE TELLIER. — JEAN RACINE. — HYACINTHE RIGAUD. 4 portraits in-f°.

> Très belles épreuves.

102. Madame DE MIRAMION. — HENRI-CASIMIR, stathouder de Frise et de Groningue. — Claude DE SAINTE-MARTHE. — Dame DE WERGUIGNOEUL. — LOUIS XIV. — MASCARON. — GASSION. — FABERT, etc. 13 portraits in-8° et in-4°.

> Très belles épreuves.

103. EPERNON (Anne-Louise-Christine de Foix d'). — FLÉ-CHIER. — PHILIPPE V, à cheval. — DUC DU MAINE. — N. MALEBRANCHE. 5 portraits in-4°.

> Très belles épreuves.

EDELINCK (N.)

104. ORLÉANS (Philippe duc d'), petit-fils de France, régent du Royaume. Grand portrait équestre gravé d'après L. Ranc.

> Très belle épreuve.

FALCK (J.)

105. IWENHUISEN, peintre. In-f°.

> Superbe épreuve.

FIRENS (P.)

106. MARIE DE MÉDICIS en veuve — LOUIS XIII et ANNE

D'AUTRICHE en regard l'un de l'autre sur la même
feuille. 2 pièces in-4°.

Très belles épreuves. la dernière pièce est avant le
texte au verso.

FRAGONARD (d'après H.)

107. Dites donc s'il vous plaît, par N. de Launay.

Très belle épreuve.
Cadre ancien, noir et or,

108. La Fontaine d'amour. — Le Songe d'amour. 2 grandes
pièces gravées au pointillé par Regnault.

Très belles épreuves.
Cadres en bois.

FREUDEBERG (d'après S.)

109. Le Petit jour, par N. de Launay.

Superbe épreuve avec la tablette blanche, le titre et les
noms des artistes, sans aucune autre lettre. Petite marge.
Cadre ancien, noir et or.

110. La Toilette champêtre. — La Propreté villageoise.
Deux pièces faisant pendants.

Très belles épreuves imprimées en couleurs. Fort rares.

111. La Gaieté conjugale, par N. De Launay.

Très belle épreuve. Marge.

GAILLARD (R.)

112. POTIER DE GESVRES (Etienne-René), cardinal, évêque
et comte de Beauvais, d'après Pompéo-Batoni.
In-f°.

Superbe épreuve avant toutes lettres. Très rare.

GAVARNI (H. S. Chevallier, dit)

113. BOURNANGÉ (E. B. 4). — SAINT HENRY BERTHOUD (9). — ROSA BONHEUR (12). — Mme MONTIGNY (53). 4 portraits in-4°.

> Très belles et très rares épreuves imprimées sur chine et sur blanc; le portrait de Rosa Bonheur a été tiré à cinq exemplaires seulement.

114. PIERRE BRY, 1er état (14). — Mme CÉNAU (15). — Le Père de GAVARNI (19). — Le Comte DE CHAMBORD et la D^sse DE PARME, enfants (39). — M. et Mme TAIGNY (63). — THÉNOT (65). — La Reine VICTORIA (69). 8 portraits in-4°.

> Très belles épreuves.

GRATELOUP (Jean-Baptiste de)

115. Son œuvre complet composé de 9 portraits in-8°, plus 3 pièces de J. P. S. de Grateloup, son neveu. Ensemble 12 pièces.

> BOSSUET en pied (F. 1). — BOSSUET en buste (2). — DESCARTES (3). — DRYDEN (4). — FÉNELON (5). — AD. LECOUVREUR (6) 1er état. — MONTESQUIEU (7). — M. DE POLIGNAC (8) 1er état. — J. B. ROUSSEAU (9). — DRYDEN. — NAPOLÉON. — MESENGNY (L'abbé de).
> Très belles épreuves, la plupart sur chine collé.

GREEN (V.)

116. HUNTLER (Cath.), gravé à la manière noire, d'après Calza. In-f°.

> Très belle épreuve.

GREUZE (d'après J. B.)

117. La Voluptueuse. — La Jeune fille pensive. 2 pièces,
faisant pendants, gravées par Gaillard et Ingouf.

> Très belles épreuves. Encadrées.

GUNST et B. PICARD

118. Malborough (Duc de). — Savoie (Le Prince Eugène de)
représentés à mi-corps. 2 portraits, in-f°, d'après
van der Werf et van Schuppen.

> Très belle épreuves. Grandes marges.

GUTTENBERG et SCHREHER

119. Catherine II, impératrice de Russie. 2 portraits in-f°.

> Très belles épreuves, l'une d'elles est avant toutes lettres.

HAMILTON (d'après W.)

120. *The Morning*, par W. Tomkins.

> Très belle épreuve tirée en bistre. Toute marge.

HISTORIQUES (Pièces)

121. Henri IV. — Gabrielle d'Estrées. — César de Bourbon, duc de Vendôme. — Catherine et Henriette
de Bourbon et divers Personnages de la Cour,
réunis sur la même feuille. *L. Gaultier sculpsit 1602,
— J. Le Clerc excud.*

> Très belle épreuve.

122. Le Sceptre de Milice : Henri IV en pied, couvert
d'une riche armure, tranchant le nœud gordien et
coupant les têtes de l'hydre. *L. Gaultier fecit.*
In-4°.

> Très belle épreuve. Rare.

123. « Le portrait de très hault, très puissant très excellent prince Henri le Grand… qui trespassa en son palais du Louvre, le vendredi 14 may 1610. » *E. Quesnel pinx; J. Briot fecit, avec privilège du Roy.*

Très belle épreuve entourée seulement d'une partie de la légende.

124. « L'admirable dessein de la porte et place de France avec ses rues…, à Paris, durant le règne de Henri le Grand, 4ᵉ du nom… l'an de grâce 1610, par *Claude Chastillon, Chaalonnois.*

Très belle épreuve, une légère déchirure.

125. « Les heureuses et fatales devises de Monseigneur le Dauphin et de Madame, fille unique de Henri IIII, roy de France et de Navarre. *L. Gaultier fecit, 1604. — J. Le Clerc, excud.*

Très belle épreuve. Remargée.

126. « Cérémonies observées au sacre et couronnement du très chrestien Roy de France et de Navarre Louis XIII. » 2 pièces se complétant, gravées par *Th. de Leu* et *Firens*, d'après *Quesnel.*

Très belles épreuves, la pièce gravée par Th. de Leu est seule entourée de sa légende explicative.

127. « Les Illustres projets de Louis le Grand heureusement exécutez par luy mesme ». *A Paris, chez Nicolas de Larmessin.* Grand almanach pour l'année 1693.

Très belle épreuve.

128. BAVIÈRE (Marie-Anne-Victoire de), dauphine de France, dans une bordure, ovale, reposant sur un cartouche où est représentée la présentation du duc de Bourgogne enfant à sa mère. *A Paris, chez Pierre Giffart.* Grand in-fº.

129. La Bataille de Fontenoy : au milieu de la composition, Louis XV entouré de tous les chefs de l'Armée. Grande pièce anonyme en largeur.

> Très rare épreuve dans un état d'eau-forte assez avancé.

130. La France témoigne son affection à la ville de Liège. — Convalescence de Louis XV. — Minerve annonce la paix à la ville de Paris. — Le Duc de Chartres passe à Notre-Dame de Gournay, etc. 7 pièces par et d'après Cochin, Hallé, Monnet et autres artistes.

> Très belles épreuves, une d'elles est à l'état d'eau-forte.

131. Avènement de Louis XVI et de Marie-Antoinette d'Autriche au trône de France. — Les vœux du peuple confirmés par la Religion. — Les Garants de la Félicité publique. 3 pièces allégoriques gravées par et d'après Patas, Monnet et Saint-Quentin.

> Très belles épreuves. Marges.

132. Prise de la Bastille, gravé par W. Nutter d'après Singleton.

> Très belle épreuve avant la lettre.

133. Service funèbre fait au Champ de la Fédération le 31 août 1790. — La liberté des Entrées. — Fin tragique de Louis XVI. — Testament de Louis XVI. — Mort de Marie-Antoinette. — Valeur des assignats et autres papiers-monnaies, etc. 8 pièces gravées par Girardet, Vérité et autres artistes.

> Très belles épreuves, deux sont coloriées.

134. Louis XVI, à l'Assemblée Nationale, accepte la Constitution. — Louis XVI à la barre de la Convention Nationale, le 26 décembre 1792. — La Fédération.

— La Journée du 21 janvier 1793. 4 pièces par et
d'après Pelegrini, Monnet et Malapeau.

Très belles épreuves, deux sont à l'état d'eau-forte.

135. La Séparation de Louis XVI et de sa famille; grande
pièce, en largeur. gravée par Schiavonetti d'après
Bénazech.

Très belle épreuve tirée en bistre.

136. Les Principales journées de la Révolution; suite de
12 pièces gravées par Helman, d'après Cl. Monnet,
plus la feuille de texte explicatif.

Anciennes et très belles épreuves avec de très grandes
marges. 1 vol. in-f° oblong. cart.

137. Format de Cocarde et dessus de Boîte. — Marat vain-
queur de l'Aristocratie. — Louis-le-faux, — Le
Crible de la Révolution. — Les Loups ne se mangent
point. — 14 Juillet 1789, 14 Juillet 1790. — Je
suis entre le peuple et la loi. — Philippiques.
Pet... merdeux, etc. 28 pièces satiriques gravées à
la manière du lavis.

Très belles épreuves.

138. Portraits de Bonaparte. — Affaire de la rue Saint-
Nicaise, 19 Brumaire an 8. — Deuxième conciliabule
des vénérables Pères communicats, janvier 1801.
— Arrivée à Notre-Dame, le jour du sacre. 9 pièces.

Très belles épreuves, plusieurs sont à l'état d'eau-forte.

HOIN (d'après)

139. Hoin (Claude-Jean), graveur, d'après lui-même, in-4°.

Superbe épreuve avant toutes lettres. Toute marge.

HUET (d'après J.-B.)

140. Vue de l'intérieur d'une ferme, par Jubier.

> Belle épreuve aux crayons de couleurs.

140 *bis*. La Toilette. — Nécessité n'a pas de loi. Deux jolies petites pièces, de forme ronde, faisant pendants.

> Superbes et très rares épreuves, avant toutes lettres, imprimées en couleurs; elles sont très fraîches et ont de grandes marges.

JANINET (F.)

141. Amour tu fais des jaloux, d'après F. Boucher.

> Superbe et très fraîche épreuve, avant toutes lettres, imprimée en couleurs.
>
> Cadre en bois doré et sculpté, époque Louis XVI.

142. Frontispice du recueil de vues pittoresques des principaux édifices de Paris.

> Très belle épreuve imprimée en couleurs.

JEAURAT (d'après E.)

143. Le Joli Dormir, par Mme Tardieu (Portrait de Mme Lalive d'Epinay?)

> Très belle épreuve. Toute marge.

LALIVE (de July)

144. LALIVE DE BELLEGARDE (Louis-Denis). — CONDÉ (Charlotte-Godfride-Élisabeth de Rohan-Soubise, Princesse de), buste dans une composition allégorique. 2 portraits in-f^o gravés à l'eau-forte d'après H. Rigaud et Vassé.

> Très belles épreuves.

LANDRY (P.)

145. Brulart (Nicolas), premier Président au Parlement
de Bourgogne. — Brulart (Florimond), marquis
de Genlis. — Lescuyer (François), maître des
Comptes. 3 portraits, in-f°, gravés d'après Ant. Dieu
et Gribelin.

> Très belles épreuves.

LARMESSIN (N. de) l'aîné

146. « Louis cinquiesme du nom, Vintiesme dauphin de
France » (Le grand Dauphin), d'après Beaubrun.
In-f°.

> Très belle épreuve.

LASNE (M.)

147. Louis XIII, roi de France, à cheval; le fond, gravé
par Callot, représente le combat de Veillane. Grand
in-f°.

> Très belle épreuve.

LAWRENCE (d'après sir Thomas)

148. *Master Lambton*, gravé à la manière noire par Samuel
Cousins.

> Très belle épreuve avec la 1re adresse, celle de Colnaghi
seul.

LAWREINCE (d'après N.)

149. La Balançoire mystérieuse, par Vidal (9).

> Superbe épreuve avant toutes lettres et avant le flot.
> Cadre noir et or.

150. L'Aveu difficile, par Janinet (8).

> Magnifique épreuve, imprimée en couleurs, d'un état
> antérieur au premier décrit :
> Non seulement elle est avant toutes lettres et avant que
> le troisième pied du fauteuil ait été indiqué, mais elle est
> de plus, *avant le trait carré servant d'encadrement;* elle est
> très fraîche et est, dans cet état, d'une extrême rareté. Petite
> marge.

151. La Comparaison, par Janinet (12).

> Très belle épreuve imprimée en couleurs. Sans marge
> sur les côtés et doublée.

152. Le Restaurant, par Deny (53).

> Superbe épreuve avant toutes lettres ; l'inscription, recou-
> vrant le titre tracé à la pointe dans la marge, est manuscrite.
> Cadre noir et or.

LE BEAU

153. Duc DE BOURBON. — Duchesse DE BOURBON, 2 épreuves
dont une est avant la lettre. Ensemble 3 portraits
in-8°.

> Très belles épreuves avec marges.

LEBRUN (d'après Mᵐᵉ L. VIGÉE)

154. Louis XVI. — MARIE-ANTOINETTE. 2 médaillons ovales
petit in-f°, faisant pendants, gravés par Mairet, 1789.

> Très belles épreuves imprimées en couleurs, le portrait
> du roi, tiré sur papier vélin, est avant toutes lettres.

155. Louis XVI. — MARIE-ANTOINETTE. 2 charmants petits
médaillons ronds gravés par Alix.

> Très belles épreuves imprimées en couleurs. Sans marges.

156. Louis XVI, roi de France. — MARIE-ANTOINETTE
D'AUTRICHE, représentés à mi-jambes. 2 médaillons
ovales in-f°, faisant pendants, gravés par Schinker.

Très belles épreuves ayant de très grandes marges.

LECLERC (d'après)

157. Le Bon Logis. — A beau Cacher. 2 pièces, faisant
pendants, gravées par L. Bonnet.

Très belles épreuves tirées à la sanguine.

LE ROY (d'après P.)

158. Vue perspective du Champ de Mars, jour du serment
civique prononcé par la Nation Française assemblée
à Paris le 14 juillet 1790; gravé par J. B. Chapuy.

Très belle épreuve imprimée en couleurs.

LOMBART (P.)

159. PETAU (Paul), conseiller au Parlement de Paris. —
PUGET DE LA SERRE, historiographe. — SERVIEN
(Auguste de), abbé de Saint-Jouin. 3 portraits in-f°.

Très belles épreuves.

LEU (Thomas de)

160. BERTRAND D'ARGENTRÉ, 1er état. — FRANÇOIS DE VA-
LOIS, dauphin. — PIERRE DE GONDY. — HERVEY
(Gentien), 1er état. — MARIE DE MÉDICIS. 5 por-
traits in-8°.

Très belles épreuves.

LEU (Th. de) et L. GAULTIER

161. ARLENSIS (P.). — Charles DE BOURBON (Charles X).
— Prince et Princesse DE CONTI. — LAVAU (Guy

de). — LORRAINE (Louise de). — MONTAIGNE (Michel
de). — MÉDICIS (Marie de). — SAINT-GERMAIN (Denis de). — STROZZI (Ph. de) — VENDOSME (César
de). 12 portraits in-8°.

Très belles épreuves.

LEVACHEZ

162. LOUIS XVIII, roi de France, assis sur le trône. In-f°.

Très belle épreuve imprimée en couleurs. Doublée.

LEVILLY

163. *What-you will*, gravé au pointillé en réduction de
l'estampe de Smith.

Très belle épreuve en couleurs. Grande marge.

MARCENAY DE GHUY (Antoine)

164. Collection de 26 portraits, in-4° et in-f°, dont sept
doubles en différents états formant, moins quatre
pièces, l'œuvre complet des portraits gravés par le
maître.

MARCENAY DE GHUY, épreuve d'essai.
CHARLES V, 2 épreuves avant toutes lettres dont une
d'essai ayant un dessin d'ornement dans la marge de droite.
CHARLES VII, 2 épreuves avant toutes lettres dont une
non terminée.
JEANNE D'ARC, épreuve avant toutes lettres.
BAYARD, épreuve avant toutes lettres.
HOSPITAL (Michel de L'), épreuve avant toutes lettres.
HENRI IV, épreuve avant toutes lettres.
SULLY, 2 épreuves avant toutes lettres dont une non
entièrement terminée.

Thou (le Présid{t} de), épreuve avant toutes lettres.

Turenne (le Maréchal de), 2 épreuves avant toutes lettres dont une d'essai avec un griffonnement dans la marge de droite et un paysage dans celle du bas.

Villars (le Maréchal de), épreuve avant toutes lettres.

Eugène (le Prince), épreuve avant toutes lettres.

Saxe (le Maréchal de), 2 épreuves avant toutes lettres dont une, non terminée, avec des essais de burin dans les marges.

Argenson (Marc Paulmy d'), épreuve avant toutes lettres.

Paoli (le Général), épreuve avant toutes lettres.

Sage (B. G.), épreuve avant toutes lettres.

Legoux de Gerlaus, épreuve avant toutes lettres.

Mirabeau (le Marquis de), 2 épreuves avant la lettre dont une d'essai non entièrement terminée.

Brunswick (Charles de), 2 épreuves avant toutes lettres dont une non entièrement terminée.

Cet œuvre est un des plus beaux et des plus complets connus; toutes les épreuves sont superbes et, sauf deux pièces, ont de grandes marges.

MARTINI (P.-A.)

165. Exposition au salon du Louvre, en 1787.

Très belle épreuve avec une dédicace manuscrite à Wille.

MASSARD (J.-B.)

166. La famille de CHARLES Ier, roi d'Angleterre, d'après Antoine van Dyck. Grand in-f°.

Superbe épreuve avant toutes lettres.

MASSON (Ant.)

167. FORBIN DE JANSON (Toussaint), évêque de Digne, puis de Marseille et de Beauvais (27). In-f°.

Très belle épreuve.

168. Guise (Marie de Lorraine, duchesse de), d'après Mignard (32). In-f°.

> Très belle épreuve avec la bordure, mais avant le mot *Roma* suivi d'une figure de lapin après le mot *pinxit*. Grande marge.

169. Marie-Anne-Victoire de Bavière, dauphine de France. buste fort comme nature (48). Grand in-f°.

> Très belle épreuve.

MATHAM (J.)

170. Sully (Maximilien de Béthune, duc de), buste grandeur demi-nature, d'après Du Boys, 1614 (B. 25). In-f°.

> Très belle épreuve du seul beau et authentique portrait du personnage.

MELLAN (Cl.)

171. Bourbon-Conti (Armand de). — Retz (Cardinal de). — Guise (L. de Lorraine, duc de). — Rebe (Claude). archevêque de Narbonne. — Villemontée (François de), Intendant de Poitou, puis évêque-de Saint-Malo. 5 portraits in-f°.

> Très belles épreuves.

MIGER (C.)

172. Louis (Antoine), secrétaire perpétuel de l'Académie Royale de chirurgie, d'après Greuze. In-f°.

> Très belle épreuve avant toutes lettres.

MINIATURES

173. Portraits de Dehagean. — Aureng-zeb. — Badourcha, rois du Mogol.

> 3 anciennes et très fines miniatures hindoues.

MOITTE (P.-E.)

174. Grill (Anna), femme du Directeur de la Compagnie
des Indes. — Chauvelin (Henri-Philippe), conseiller
du Parlement de Paris. — Duhamel du Monceau.
3 portraits in-f°.

> Superbes épreuves avant toutes lettres. Très grandes
> marges.

MONCORNET et WOORDLIGE

175. Montespan (Marquise de). — Ninon de Lenclos, 2 portraits in-4° et in-8°.

> Très belles épreuves, la dernière pièce est avant toutes
> lettres, non entièrement terminée.

MONNET (D'après Cl.)

176. Le Roi d'Éthiopie abusant de son pouvoir, par Vidal.

> Très belle épreuve avant toutes lettres et avant la drape-
> rie. Grande marge.

177. Jupiter et Antiope, par Vidal.

> Très belle épreuve avant toutes lettres et avant la dra-
> perie. Grande marge.

MONSALDY et DEVISME

178. Vue des ouvrages de peinture des Artistes vivants,
exposés au Muséum central des Arts, en l'an XIII
(1800) de la République Française. 2 pièces se
complétant.

> Très belles épreuves.

MOREAU (par et d'après J.-M.)

179. Duc de Choiseul (E. B. 2). — La Vrillière (24). — Louis XVI, étant Dauphin (25). — Pineau (42). 4 portraits in-8° et in-4°.

> Très belles épreuves, les deux premières sont avant la lettre.

180. La Borde (J. Bᵒⁿ de), d'après Denon (21), in-4°.

> Très belle épreuve. Toute marge.

181. Louis XVI, dauphin. — Breval. — Chardiny. — Garreau. — La Houssaye. — Le Gâteau des Rois. 7 pièces gravées par Moreau, Le Mire et autres graveurs.

> Très belles épreuves.

182. Exemple d'humanité. — Le Gâteau des Rois. 2 pièces gravées par Godefroy et Le Mire.

> Très belles épreuves.

183. Ouverture des États-Généraux. — Constitution de l'Assemblée Nationale. 2 pièces faisant pendants.

> Très belles épreuves, la première pièce est avant toutes lettres, la seconde avant la liste des Députés.

MORIN (Ant.)

184. Gondy (J. François-Paul de), coadjuteur de Paris, puis cardinal de Retz, d'après Ph. de Champaigne (54). In-f°.

> Très belle épreuve ayant une très grande marge.

185. **Mercier** (Jacques Le), architecte, d'après Ph. de
Champaigne (69). In-f°.

> Très belle épreuve. Marge.

186. **Thou** (Augustin de), premier du nom (77). In-f°.

> Superbe épreuve. Grande marge.

187. **Valois** (Charles de), duc d'Angoulême. — **Verger de
Hauranne** (Jean du), abbé de Saint-Cyran. 2 portraits in-f°, d'après Ph. de Champaigne.

> Très belles épreuves.

MORLAND (d'après G.)

188. *A visit to the child at nurse;* grande et belle pièce en
largeur gravée à la manière noire, par W. Ward,
1788.

> Très belle épreuve en couleurs. Marge.

NANTEUIL (R.)

189. **Bellièvre** (Pomponne de), premier président au
Parlement de Paris, d'après Ph. de Champaigne
(R. D. 36). In-f°.

> Superbe épreuve du 1ᵉʳ état : avant les inscriptions sur
> la tablette.

190. **Blondeau** (François), Président de la Chambre des
comptes (40). In-f°.

> Superbe épreuve.

191. **Bochart de Saron**, chanoine de l'église de Paris (42).
In-f°.

> Très belle épreuve.

192. Boileau (Gilles), greffier de la Grand'Chambre du Parlement de Paris (43). In-f°.

> Très belle épreuve du 2ᵉ état : avant le quatrain sur la face du socle.

193. Bosquet (François), évêque de Montpellier (44). In-f°.

> Très belle épreuve avec marge. Col⁰ⁿ Didot.

194. Lorraine (Charles de), Vᵐᵉ du nom (63). In-f°.

> Très belle épreuve. Très grande marge.

195. Chaulnes (Charles d'Albert d'Ailly, duc de), pair de France, gouverneur général des province et duché de Bretagne ; buste fort comme nature (65). Grand in-f°.

> Superbe épreuve du 1ᵉʳ état : avant que l'année 1676 ait été suivie d'un trait.

196. Chavigny (Léon Le Bouthilier, comte de), ministre d'État, d'après Ph. de Champaigne (66). In-f°.

> Superbe épreuve.

197. Clermont-Tonnerre (François de), évêque de Noyon (68). In-f°.

> Superbe épreuve, du 1ᵉʳ état : avec un seul point après la figure qui suit l'année et avant que le personnage ait été décoré d'une croix pastorale. Très rare.

198. Coislin (Pierre du Cambout, cardinal de) (69). In-f°.

> Superbe épreuve du 1ᵉʳ état : avant que l'année ait été convertie en 1664. Marge.

199. Colbert (Jean-Baptiste), contrôleur général des Finances ; buste fort comme nature (76). Grand in-f°.

> Superbe épreuve du 3ᵉ des sept états décrits : avant que

la lettre B, tracée sur la plate-bande de la bordure au milieu
du haut, soit suivie d'un point. Très rare.

200. Colbert (Jacques-Nicolas), archevêque de Rouen :
buste fort comme nature (78). Grand in-f°.

> Superbe épreuve du 1er état : avant que la bordure en
> feuilles de laurier ainsi que le fond extérieur aient été enle-
> vés pour être remplacés par une bordure nouvelle et unie et
> avant que de nouvelles inscriptions aient été ajoutées dans
> les angles du bas.

201. Dulieu de Chenevaux (François-Antoine), maître des
comptes (85). In-f°.

> Superbe épreuve.

202. Hesselin (Louis), conseiller d'État (110). In-f°.

> Superbe épreuve du 1er état : avant les inscriptions sur
> la face de la Console.

203. La Meilleraye (Charle de la Porte, duc de), maréchal
de France, d'après Juste (118). In-f°.

> Superbe épreuve.

204. Lamoignon (Guillaume de), premier président du
Parlement de Paris (119). In-f°.

> Très belle épreuve du 1er état : avant les inscriptions sur
> la bordure et avant que l'année ait été convertie en 1661.

205. Lamoignon (Guillaume de), premier président du
Parlement de Paris (120). In-f°.

> Très belle épreuve.

206. Le Pautre (Antoine), architecte et ingénieur (127).
In-f°.

> Superbe épreuve du 2e état (le premier est considéré
> comme unique) : avant l'adresse de Jombert.

207. Le Tellier (Michel), ministre d'État, puis chancelier
    et garde des sceaux de France, d'après Ph. de
    Champaigne (135). In-f°.

    Très belle épreuve.

208. Ligny (Dominique de), évêque de Meaux (144). In-f°.

    Très belle épreuve.

209. Lionne (Hugues de), secrétaire d'État (146). In-8°.

    Très belle épreuve du 1er état : avant que l'inscription,
    sur la tablette, ait été enlevée.

210. Savoie (Mr Jno Baptiste de Savoie-Nemours, duchesse
    de), d'après F. Laurent du Sour (169). In-f°.

    Très belle épreuve du 1er état : avant les mots, *pendant
    la minorité de son fils.*

211. Maisons (René de Longueil, marquis de), surintendant
    des Finances (165). In-f°.

    Très belle épreuve.

212. Marolles (Michel de), abbé de Villeloin (171), 1er état.
    — Saint-Brisson (Pierre Séguier, marquis de)(224).
    2 portraits in-4°.

    Très belles épreuves.

213. Mazarin (Jules), cardinal, ministre d'État (184). In-f°.

    Très belle épreuve du 1er état : avant les éraillures sur la
    bordure et sur le manteau.

214. Neufville (Ferdinand de), évêque de Chartres, d'après
    Ph. de Champaigne (203). In-f°.

    Très belle épreuve du 2e état : avant que l'année 1657
    ait été convertie en 1658. Marge.

215. Péréfixe de Beaumont (Hardouin de), archevêque de
Paris (213). Grand in-4°.

Très belle épreuve.

216. Regnauldin (Claude), procureur général au grand
Conseil (216). In-f°.

Superbe épreuve du 1ᵉʳ état : L'année est suivie d'un
point seul.

PETIT

217. Potier de Gesvres (Joachim-François-Bernard), pair
de France. — Maurepas (Jean-Frédéric-Phelip-
peaux, comte de), secrétaire de la maison du Roy et
de la marine. 2 portraits, en pied, gravés d'après
L. M. Vanloo.

Très belles épreuves.

PICHLER (J.)

218. Liechtenstein (Jean, Prince), général lieutenant au
service de S. M. I. et R., commandeur de l'ordre
militaire de Marie-Thérèse. In-f°, gravé à la
manière noire.

Superbe épreuve avec marge.

PITAU (N.)

219. François de Sales (saint), évêque et prince de Genève.
In-f°.

Superbe et très rare épreuve du 1ᵉʳ état : avant les inscriptions sur le socle.

220. Estrades (François d'), abbé de Moissac, ambassadeur à Venise. — Fieubet (Gaspard), conseiller

d'État, chancelier de la Reine. 2 portraits, in-f°, gravés d'après N. de Platte-Montagne et C. Le Febure.

Très belles épreuves.

POILLY (F.)

221. Fabert (Abraham), maréchal de France, d'après Ferdinand. In-f°.

Très belle épreuve avec marge.

POILLY (F.) et LE BLOND

222. Gueménée (Anne de Rohan, duchesse de). —➤ Montbazon (Marie, duchesse de). 2 portraits. In-f°.

Très belles épreuves.

PRÉVOST

223. Le Cabaret de Ramponeau.

Très belle épreuve.

QUENEDEY

224. La Fayette (Le général), en buste, de profil à gauche ; médaillon ovale, in-8°, gravé à la manière du lavis.

Très belle épreuve. Rare.

QUEVERDO (d'après F. M. J.)

225. Le Bouquet galant. — La Surprise amoureuse. Deux pièces, faisant pendants, gravées par Le Beau.

Très belles épreuves.

REYNOLDS (d'après Sir Josuah)

226. Bartolozzi (François) célèbre graveur, par R. Marcuard. In-f° ovale.

> Superbe et très rare épreuve avant la lettre (lettres tracées).

227. *Elizabeth Duchess of Buccleugh and Daughter*, en pied; gravé à la manière noire par J. Watson. In-f°.

> Très belle épreuve.
> Cadre doré, style Louis XVI.

228. *The Honble George Seymour Conway*, gravé à la manière noire par E. Fischer. In-f°.

> Très belle épreuve. Rare.

ROUSSEAUX (Ph.)

229. Sévigné (Marie de Rabutin-Chantal, marquise de), d'après le pastel de Nanteuil. In-f°.

> Superbe épreuve avant toutes lettres, sur chine.

ROUSSELET (Æg.)

230. Gondy (Paul de), cardinal de Retz. — Talon (Denis), avocat général, puis président à mortier. 2 portraits, in-f°, gravés d'après Ph. de Champaigne.

> Très belles épreuves.

SAINT-AUBIN (G. de)

231. Spectacle des Tuileries, 2° vue (De B. 74).

> Superbe épreuve. Rare.

SAVART (P.)

232. Boileau. — Cardinal de Bernis. — Colbert.
2 épreuves avec différences. — Louis le Grand,
Racine, etc. 7 portraits in-8°.

> Très belles épreuves.

SCHELLEY (d'après S.)

233. *Abra Sparabella.* — 2 petites pièces, faisant pendants,
gravées par C. Taylor, 1787.

> Très belles épreuves tirées en bistre. Marges.

SCHMIDT (G. F.)

234. Son portrait dit à l'Araignée, In-4°.

> Très belle épreuve avant la troisième contre-taille sur le
> mur, au-dessus du baromètre.

235. Schmidt dessinant. — Mme Schmidt. 3 portraits différents. Ensemble 4 pièces in-8° et in-4°.

> Très belles épreuves.

236. Arnim (G. Dietlef d'), d'après Ant. Pesne. In-f°.

> Très belle épreuve.

237. Frédéric-Henri-Louis, prince de Prusse, d'après
M. Vanloo. In-f°.

> Très belle épreuve avec la lettre, mais avant les deux
> points entre *du Roy* et *1767*.

238. Grapendorf (L. A. de Brandt, baronne de), d'après
Le Sueur. In-f°.

> Très belle épreuve. Grande marge.

239. Mignard (Pierre), premier peintre du roi, d'après
H. Rigaud. In-f°.

> Très belle épreuve avant l'astérisque au milieu de la
> marge inférieure, sous le trait carré.

240. Pierre le Grand, d'après Nattier. In-8°,

> Très belle épreuve avec une grande marge, la tête seule
> est gravée par Schmidt, le reste du portrait par Tchemesow.
> Fort rare.

241. Saint-Albin (Charles de), archevêque de Cambrai,
d'après H. Rigaud.

> Très belle épreuve. Grande marge.

242. Silva (J. B.), docteur régent de la Faculté de médecine de Paris, d'après H. Rigaud. In-f°.

> Très belle épreuve avec marge.

243. Le diacre Paris, à genoux. — Le diacre Paris et l'abbé
Tournus, debout. — Guyot Desfontaines. — Fré-
déric-Guillaume, électeur de Brandebourg. —
Frédéric III, roi de Prusse. — Comte Schuvalow.
6 portraits in-4° et in-8°.

> Très belles épreuves.

244. La Juive fiancée. — Le Prince de Gueldres, menaçant son père. — Le prince d'Orange et Cats.
3 pièces d'après Rembrandt et G. Flinck.

> Très belles épreuves.

SCHMIDT et TARDIEU

245. Alexandre Ier, empereur de Russie. 2 portraits in-f°.

> Très belles épreuves, l'une d'elles est avant la lettre.
> Grandes marges.

SCHULZE (C. G.)

246. FRANÇOIS II, empereur et roi des Romains, d'après
KIMLI. In-f°.

Superbe épreuve avant la lettre.

SCHUPPEN (P. Van)

247. ANGLURE DE BOURLEMONT (Ch. F.), archevêque de
Toulouse. — CAMUS (N. L.), premier président à
la cour des aides. — ALEXANDRE IX, pape. 3 portraits in-f° gravés d'après Ferdinand et Mignard.

Superbes épreuves,

SOUTMAN (d'après P.)

248. JEAN SANS PEUR. — PHILIPPE LE BEAU. — JEANNE LA
FOLLE. 3 portraits, in-f°, gravés par Louys et Sui ler-
hœf.

Très belles épreuves. deux sont avant les numéros.

STHOTARD et SINGLETON (d'après)

249. *Tenant's family.* — *British plenty.* 2 pièces en
hauteur, faisant pendants, gravées par Ward et
Knight.

Très belles épreuves tirées en bistre.

STRANGE (R.)

250. CHARLES Ier, roi d'Angleterre, en pied et en manteau
royal, d'après Ant. Van Dyck. In-f°.

Très belle épreuve. Toute marge.

251. HENRIETTE DE FRANCE, femme de Charles Ier roi

d'Angleterre et ses enfants, d'après Ant. Van Dyck. Grand in-f°.

Superbe épreuve avant toutes lettres.

SURUGUE (L.)

252. Mme DE M** (Monchy), en habit de bal, d'après C. Coypel. In-f°.

Superbe épreuve avant toutes lettres. Très rare.

TARDIEU (A.)

253. BARRAS (Paul), directeur, en pied, d'après Hilaire Le Dru.

Très belle épreuve lettres grises.

THOMAS (N.)

254. SAINT-GERMAIN (Comte de), célèbre alchimiste. In-f°.

Très belle épreuve avant les inscriptions tracées de chaque côté des armes.

THOMASSIN (S. H.)

255. Louis XV, roi de France : grand portrait équestre gravé d'après Parrocel et Vanloo.

Très belle épreuve.

TROUVAIN (Ant.)

256. TREMOUILLE (Calliope de La), abbesse de Pont-aux-Dames, d'après De Troy. In-f°.

Très belle épreuve avant le nom du peintre.

VERNET (d'après C.)

257. Oh! c'est bien ça, par Levachez.

>Très belle épreuve, en couleurs, tirée avant que le titre
>ait été remplacé par celui de : *Costumes Anglais et Français.*

VERMEULEN (C. M.)

258. MESMES (J. A. de), comte d'Avaux, plénipotentiaire à
la paix de Nimègue, d'après N. de Largillière. In-f°.

>Superbe épreuve avant toutes lettres et avant les chiffres
>qui se trouvent à chaque angle de la planche Très rare.

VIGNETTES

259. Titre du 1ᵉʳ volume du Décameron de Boccace. *Londres
(Paris), 1757,* gravé par Le Mire d'après Gravelot.
In-18.

>Deux épreuves dont l'une très rare est à l'état d'eau-forte.

260. Frontispice-titre pour les métamorphoses d'Ovide,
Paris, Hocheteau, 1767-1771.
Portrait de Louis XV, tête de page pour le traité
des horloges marines.

>2 pièces in-4° gravées par Choffard.
>Superbes épreuves avant la lettre. Grandes marges.

261. Frontispice du Temple de Gnide. *Le Mire, 1772,* gravé
par N. Le Mire, d'après Eisen, in-8°.

>Très belle et rare épreuve avant toutes lettres.

262. Tête de page de la Description du Mausolée de
Charles III, roi de Sardaigne, par Lempereur
(E. B. I.).
Tête de page de la Description du Catafalque
et du Cénotaphe de Louis XV, par N. de Launay
(27). 2 épreuves en premier et second états.

Tête de page de la Description du Mausolée
érigé dans l'abbaye Royale de Saint-Denis, le
27 juillet 1774, par N. de Launay (28), épreuve
du 2ᵉ état. Ensemble quatre pièces d'après Moreau
le Jeune.

Superbes épreuves avec marges.

263. Frontispice du catalogue de Basan. — Tête de page
du catalogue des Chevaliers du Saint-Esprit. —
Frontispice de la Henriade. — Tête de page pour
l'éloge de Henri IV. — Tête de page des œuvres de
Montesquieu, etc. 27 pièces d'après Boucher,
Eisen, Gravelot et autres artistes.

Très belles épreuves, plusieurs sont avant la lettre ou à
l'état d'eau-forte.

264. Collection de 19 vignettes, par et d'après Cochin,
Le Barbier, Monnet, etc., pour l'Emile de J.-J. Rousseau, Télémaque et autres ouvrages.

Très belles épreuves, plusieurs à l'état d'eau-forte ou
avant la lettre.

VÉNITIEN (A.)

265. Soliman II (B. 518). — Barberousse (l'Empereur) (520). 2 portraits in-f°.

Belles épreuves.

VERKOLJE?

266. Marie, reine d'Angleterre, vue à mi-jambes, tenant le
sceptre à la main. Pièce in-f°, gravée à la manière
noire, éditée chez N. Vischer à Amsterdam.

Très belle épreuve. Marge.

VUES

267. Strasbourg, vue du côté du Septentrion; au-dessous, dans un cartouche, le plan de la ville.

> Curieux dessin par Et. Barbier, officier dans Chamboran.

268. Vue du pont projeté par le S. Perronet pour être construit sur la Seine, au droit de la place Louis XV. — La Place de la Concorde, prise des Champs-Élysées. 2 pièces gravées d'après Courvoisier, Demartrais et Lesage.

> Très belles épreuves.

269. Vues de Vienne et de ses environs. 30 pièces dessinées et gravées par Schultz, Ziegler et Janscha.

> Très belles épreuves anciennement coloriées. 25 sont sans marges.

WAGNER (J.)

270. Elisabeth Petrowna, impératrice de Russie, d'après Amiconi. In-f°.

> Très belle épreuve.

WARD (par et d'après W.)

271. *Louisa*, charmant médaillon rond.

> Très belle épreuve avant la retouche, imprimée en couleurs. Marge.

WATSON (J.)

272. Guerchy (Comte de), ambassadeur de France en Angleterre; gravé à la manière noire d'après M. Vanloo. In-f°.

> Superbe épreuve avant toutes lettres.

273. LUNSDOM (Miss) lisant : gravé à la manière noire d'après Willison. In-f°.

> Très belle épreuve.

WATTEAU (d'après Ant.)

274. Louis XIIII mettant le cordon bleu à Monsieur de Bourgogne, père de Louis XV, roi de France régnant : gravé par N. de Larmessin.

> Très belle épreuve. Grande marge.

275. La Mariée de village ; grande estampe, en largeur, gravée par C. N. Cochin.

> Très belle épreuve.

276. Le Bosquet de Bacchus, par C. N. Cochin.

> Très belle épreuve. Marge.

277. L'Embarquement pour Cythère, par Tardieu.

> Très belle épreuve, remargée au trait carré.
> Cadre doré, style Louis XIV.

278. Les Saisons, suite de 4 pièces, en hauteur, gravées par différents graveurs, dont nous ne possédons que trois (manque le Printemps).

> Très belles épreuves.

WHEATTEY (d'après F.)

279. *A lover's anger*, par P. Simon.

> Très belle épreuve tirée en bistre avec les inscriptions à la pointe.

WIERRIX (Les)

280. BALZAC (Henriette de), marquise de Verneuil (Alv, 1860). Petit in-f°.

> Très belle épreuve avec l'adresse de *H. Adolfz*.

281. BOURBON (Catherine de), duchesse de Bar (1872). Petit in-f°.

> Très belle épreuve tirée avant que l'adresse de *Harman Adolfz* ait été remplacée par celle de *Hondius*.

WIERRIX et SADELER

282. ANDRÉ, cardinal d'Autriche. — FARNESE (Alexandre). — HOSPITAL (Michel de). — L'empereur MATHIAS. 4 portraits in-8° et in-4°.

> Très belles épreuves, la dernière pièce est avant toutes lettres.

WILLE (J.-G.)

283. BOULLONGNE, contrôleur général des Finances, d'après H. Rigaud. In-f°.

> Très belle épreuve.

284. ERLACH (Jérôme d'), advoyer de la ville de Berne et Feld-maréchal de l'Empereur Charles VI, d'après le chevalier Rasca. In-f°.

> Superbe épreuve du 1ᵉʳ état : avec les inscriptions en allemand. Très grande marge.

285. FRÉDÉRIC II, roi de Prusse, d'après Pesne. In-f°.

> Très belle épreuve avec marge.

286. LESCALOPIER, intendant de Montauban en 1740, et de Tours de 1756 à 1766. In-4°, ovale.

Superbe épreuve, avant l'entourage, ayant toute sa marge. Rare.

287. LOWENDAL (Waldemar de), maréchal de France, d'après De La Tour. In-f°.

Très belle épreuve,

288. QUESNAY (François), médecin et chirurgien, d'après J. Chevalier. In-f°.

Très belle épreuve.

289. SINGLIN (Antoine de), supérieur de l'abbaye de Port-Royal-des-Champs, d'après Ph. de Champaigne. Petit in-f°.

2 épreuves dont l'une, très belle, est avant toutes lettres.

290. VILLEROY (François de Neufville, duc de), maréchal de France, d'après J. Chevalier. In-f°.

Superbe épreuve ayant toute sa marge.

291. CHARLES, comte D'AUMALE.. — FRANÇOIS CHYCOINEAU. médecin. — HENRI BENOIST, 2e fils de Jacques Stuart. — CHARLES-FRÉDÉRIC, margrave de Bade d'Urlach. — C. SIVERSEN ADELER, grand amiral de Danemark. — JEAN MARTIN PREISLER, graveur. — La Belle-sœur de Wille? 7 portraits in-4° et in-8°.

Très belles épreuves,

WORTMAN (Ch.-Al.)

292. ANNE IVANOWNA, impératrice de Russie, d'après Caravaca. In-f°.

Très belle épreuve.

293. Anne Petrowna, duchesse de Schleswig-Holstein. In-f°.

Très belle épreuve.

294. Catharina-Alexiewna (La Grande-Duchesse). In-f°.

Très belle épreuve.

295. Pierre II, empereur de Russie, d'après Ludden. In-f°.

Très belle épreuve. Marge.

Portraits, in-8° et in-4°, classés chronologiquement et par suites.

296. Collection de 14 portraits, in-8° et in-4°, de personnages célèbres, vivant à la fin du XVI° et au commencement du XVII° siècle, gravés par L. Gaultier, Mallery, C.-F. Galle et autres artistes :

Henri IV. — Amyot. — Pierre de Besse. — Feyrabend. — J. Lipse, etc.
Très belles épreuves.

297. Collection de 22 portraits, in-8° et in-4°, de personnages marquants, principalement du règne de Louis XIII :

Louis XIII et Anne d'Autriche. — Prince de Condé. — — M. de Marillac. — P. de Gondy. — Cardinal de Rambouillet. — Duc de Montmorency, etc.
Très belles épreuves.

298. Collection de 44 portraits de personnages marquants du règne de Louis XIII et de la Régence d'Anne

d'Autriche, édités la plupart chez *Balthazar Mont-cornet* :

Duchesse d'Aiguillon. — Duc de Chevreuse. — P͏ʳᵉ de Condé. — Comte et Cᵗᵉ de Coligny. — Mⁱˢ de Coislin. — Mⁱˢ de Praslin. — Mⁱˢ d'Effiat. — Gassion. — Dᵉ de Guise. — Duc et Dᵉ de Longueville. — Mᵐᵉ de Montespan. Dᵉ de Savoye. — Vitry, etc.
Très belles et très fraîches épreuves avec marges.

299. Collection de 21 portraits, in-8° et in-4°, de personnages célèbres du règne de Louis XIII, gravés par L. Gaultier, A. Bosse, M. Lasne et autres artistes :

Louis XIII. — Marie de Médicis. — Princesse de Gueme-née. — Princesse de Rohan. — Paul de Gondy. — A. Fabert. — Duc de Lesdiguières. — Marillac, etc.
Très belles épreuves.

300. Collection de 18 portraits, in-8°, de Louis XIV et de princes et princesses de la famille royale, gravés par Desrochers, G. Huret, Landry, De Larmessin et autres artistes :

Louis XIV. — Anne d'Autriche. — Marie-Thérèse. — Le Grand Dauphin. — Duc et Duchesse d'Orléans. — Prince de Conti. — Duc et Duchesse de Lorraine, etc.
Très belles épreuves.

301. Collection de 32 portraits, in-8° et in-4°, de personnages marquants du règne de Louis XIV, gravés par Callot, Cossin, Chereau, Duflos et autres.

Boileau. — Bossuet. — Barême. — Cassini. — Callot. — T. et P. Corneille. — Saint-Évremond. — Mⁱˡˡᵉ de Gournay. — La Fontaine. — La Bruyère. — Duc de Montausier. — Saint-Simon. — Villars, etc.
Très belles épreuves.

302. Collection de 30 portraits, in-18 et in-8°, de femmes
     célèbres du règne de Louis XIV, gravés par
     Audran, Gantrel, Lenfant, Roullet et autres
     artistes :

> La Mère Angélique Arnaud. — B^me de Chantal. —
> Mlle Legras. — Mlle de la Vallière. — Mme Deshoulières.
> — Duchesse de Guise. — Marion Delorme. — Ninon de Len-
> clos. — Duchesse de Mazarin. — Marquise de Sévigné, etc.
>
> Très belles épreuves.

303. Collection de 28 portraits, in-8° et in-4°, de poètes et
     littérateurs vivant au xviiie siècle, gravés par des
     artistes contemporains :

> Buffon. — Chaulieu. — Crébillon. — Decamps. —
> Dorat. — Du Fresny. — Fontenelle. — Marivaux. —
> Montesquieu. — L'abbé Prévost. — Raynal. — J.-J. Rous-
> seau, etc.
>
> Très belles épreuves, 12 sont avant la lettre ou à l'état
> d'eau-forte.

304. Collection de 20 portraits, in-8° et in-4°, de peintres,
     graveurs et musiciens vivant au xviiie siècle, gravés
     par Cathelin, Chodowiecki, Liotard, Ravenet et
     autres artistes :

> Baléchou. — Chodowiecki. — L. Cars. — F. Chereau.
> — Liotard. — Mlle Lecomte. — Vanloo. — Gluck. —
> Gréty. — Haydn. — Piccini. — Sacchini, etc.
>
> Très belles épreuves dont plusieurs avant la lettre et à
> l'état d'eau-forte.

305. Collection de 16 portraits, in-8° et in-4°, de Louis XV,
     de princes et princesses de la famille royale et de
     personnages de la cour gravés par Chereau,
     Duflos, Sergent et autres artistes :

> Le Régent. — Louis XV. — Le Dauphin. — L'Infante
> d'Espagne. — Duc de Chartres — Comte de Forbin. —
> Chevert. — Dupleix, etc.
>
> Très belles épreuves, trois sont imprimées en couleurs.

306. Collection de 25 portraits, in-8° et in-4°, de femmes
vivant au xviii° siècle, gravés par des artistes contemporains :

Mme DE POMPADOUR. — COMTESSE DU BARRY. —
C^sse DE CARCADO. — Mme DU CHATELET. — C^sse DURAZZO. —
Mme DE GENLIS. — Mme LAW. — ANGÉLIQUE CORNEILLE, etc.
Très belles épreuves.

307. Collection de 32 portraits, croquis et pièces diverses
in-4° et in-8°, se rapportant à Voltaire, gravées par
Alix, Barbié, Baléchou, Chodowiecki, Tardieu et
autres artistes.

Très belles épreuves.

308. Collection de 18 portraits, in-8° et in-4°, d'écrivains
de la fin du xviii° siècle, gravés par des artistes
contemporains :

BEAUMARCHAIS. — A. CHÉNIER. — COLARDEAU. —
DUPATY. — DIDEROT. — Baron GRIMM. — LINGUET. —
RESTIF DE LA BRETONNE. — ROUHER. — VERTOT, etc.
Très belles épreuves.

309. Réunion de 8 portraits, in-8° et in-4°, de Louis XVI,
gravés par Le Beau, Dupin, Legrand, etc.

Très belles épreuves imprimées en noir et en couleurs.

310. Collection de 12 portraits, in-8° et in-4°, de princes et
de princesses de la Famille royale, gravés au burin
et à la manière noire, par Brookshaw, Cardon,
Ingouf et autres artistes :

LE DAUPHIN. — Mlle T^se CHARLOTTE, *Madame*. — LA
Princesse ÉLISABETH. — Comte DE PROVENCE. — Comte
et Comtesse D'ARTOIS. — Duchesse D'ORLÉANS. — Princesse
DE LAMBALLE. — Duc D'ENGHIEN, etc.
Très belles épreuves.

311. Collection de 22 portraits, in-8°, gravés par Le Beau :

> Bouvart. — Duc de Broglie. — Duc de Choiseul. — Comte de Cossé. — Comte d'Évreux. — Comte d'Estaing. — Ch^{er} d'Eon de Beaumont. — Duc de La Vrillière. — Duc de Penthièvre. — Lenoir. — Ant. Louis. — De Sartines, etc.
>
> Très belles et très fraîches épreuves ayant de grandes marges.

312. Collection de 30 portraits, in-8° et in-4°, d'artistes dramatiques du XVIIIe et du XIXe siècle, gravés par des artistes contemporains :

> Ad. Lecouvreur. — Mlle Clairon. — Mme Desbrosses. — Mme Dauberval. — Mme de Saint-Huberti. — Mme Favart. — Cath. de Seine. — Mlle Bourgoin. — Carlin Bertinazzi. — Lekain. — Baptiste cadet. — Brunet. — Elleviou. — Gardel. — Odry, etc.
>
> Très belles épreuves avant et avec la lettre.

313. Collection de 14 portraits, in-8° et in-4°, d'aéronautes.

> Blanchard, 3 portraits différents. — Bourguet. — Charles. — M. et Mme Garnerai. — Montgolfier. — Lunardi. — Pilatre de Rozier. — Sadler, etc.
>
> Très belles épreuves.

314. Collection de 18 portraits, in-8°, gravés par J. Barbié :

> Catherine II. — Charles III d'Espagne. — Chevert. — Cte d'Estaing, 2 épreuves. — Frédéric II. — Joseph II. — Montcalm, 3 épreuves en différents états. — J.-J. Rousseau, épr. avant la lettre. — Voltaire, épreuve avant la lettre. — Général Wolff, etc.
>
> Très belles épreuves.

315. Collection de 38 portraits, in-8°, pour les classiques de Renouard, gravés par A. de Saint-Aubin.

> Superbes et très fraîches épreuves, la plupart à l'état d'eau-forte ou avant la lettre. Grandes marges.

316. Collection de 39 portraits, in-18° et in-8°, gravés par
     N. de Launay et Delvaux, la plupart pour la col-
     lection Cazin :

> Duc de Choiseul. — Dazincourt. — Dorat. —
> Mme Deshoulières. — Fénelon. — Fontenelle. —
> Gessner. — Malherbe. — Piron. — Rabelais. — Mme Du
> Chatelet. — Gresset, etc.
> Très belles épreuves avec marges, huit sont à l'état
> d'eau-forte.

317. Collection de 16 portraits, in-8° et in-4°, gravés par
     Choffard et Gaucher :

> Le Serrurier. — Delaleu. — Bezou. — Lemaur. —
> Palissot. — C^{sse} de Carcado. — Boufflers. — Foullon. —
> Florian, etc.
> Très belles épreuves.

318. Collection de 19 portraits, in-8° et in-4°, gravés par
     Ingouf et Littret :

> Du Belloy. — Cte de Caylus. — Mlle Clairon. —
> L^{ne} M^{ie} de France. — De Montesquieu. — J.-J. Rousseau.
> — De Sartines. — Flipart : 2 épreuves à l'état d'eau-
> forte. — Ville, avec lettre et à l'eau-forte.
> Très belles épreuves avec marges.

319. Collection de 36 portraits, in-4°, de députés à l'Assem-
     blée nationale, publiés chez Déjabin.

> Louis XVI. — Duc d'Orléans. — Bailly. — Barrère.
> — Barnave. — Boissy d'Anglas. — Buzot. — Guillotin.
> — La Fayette. — De Lanjuinais. — De La Rochefoucauld.
> — Mirabeau. — De Montesquiou. — Petion. — Robes-
> pierre. — De Talleyrand, etc.
> Très belles et très fraîches épreuves ayant de grandes
> marges.

320. Collection des portraits de MM. les députés des trois
     ordres, assemblés à Versailles en 1789, 24 pièces.

in-4°, gravées par Allais, Coqueret, Sergent, etc.,
publiés à Paris chez Levachez :

Duc d'Orléans. — Bailly. — Barrère. — Vte de
Beauharnais. — Card^l de La Rochefoucauld. — Lefranc
de Pompignan. — Boissy d'Anglas. — Buzot. — Mirabeau. — Cte de Montmorency. — Pétion. — Robespierre.
— Vadier, etc.

Très belles et très fraîches épreuves tirées en noir et en
bistre. Marges,

321. Collection de 17 portraits, in-8°, de députés à l'Assemblée Nationale publiés chez Mme Bergny et Vérité :

Bailly. — Barrère. — Cambon. — Couthon. —
Duport. — Fréteau. — Marat. — Maury. — Mirabeau.
— Necker. — Rabaut de Saint-Étienne, etc.

Superbes et très fraîches épreuves, avec marges, quatorze sont imprimées en couleurs. Très rares.

322. Collection de 35 portraits, in-8°, dessinés et publiés
chez Bonneville :

Billaud-Varennes. — Brune. — Brissot. — Buzot. —
Chabot. — Chaumette. — Cte Corday. — P^sse Élisabeth.
— Fouquier-Tinville. — Henriot. — Lebon. — Marat.
— Mme Roland. — Robespierre. — Saint-Just. — San-
terre. — Tallien. — Vergniaud, etc.

Très belles et très fraîches épreuves avec marges.

323. Collection de 34 portraits, in-8° et in-4°, de personnages marquants de la Révolution :

Brissot. — Bailly. — Babeuf. — Challier. — Cange. —
Dillon. — Duramé. — Lavoisier. — La Fayette. — Le
Peletier St Fargeau. — Marat. — Mirabeau. — Pétion.
— Palloy. — Saint-Meard, etc.

Très belles épreuves, trois sont imprimées en couleurs.

324. Collection de 17 portraits, in-8° et in-4°, de Généraux
et autres personnages :

Agasse. — Augereau. — Andreossy. — Beaulieu. —

CHAMPIONNET. — DESILLES. — HOCHE. — KLÉBER. — LANGE. — KOSCIUSZKO. — MARCEAU. — PICHEGRU, etc. 17 portraits in-8° et in-4°.

Très belles épreuves, quatre sont imprimées en couleurs.

325. Réunion de 7 portraits in-4° de chefs vendéens :

CHARETTE. — DUVAL D'ESPREMÉNIL. — CL. FAUCHET. — Vte de MONTMORENCY-LAVAL. — DE LA ROCHEJAQUELEIN.

Très belles épreuves. Rares.

326. Collection de 20 portraits, in-8° et in-4°, de personnages Anglais et Américains :

BACON. — CHARLES Ier. — MARLBOROUGH. — Dsse de PORTSMOUTH. — Cte COOK. — ADAM SMITH. — Mrs MONTAIGNE. — PITT. — SCHIAVONETTI. — ROMNEY. — GAINSBOROUGH. — FRANKLIN. — P. JONES. — NEWTON. — WASHINGTON, etc.

Très belles épreuves.

327. Collection de 19 portraits, in-8° et in-4°, de personnages Autrichiens, Danois, Suédois et Russes :

MARIE-THÉRÈSE. — FRANÇOIS Ier. — FRANÇOIS II. — JOSEPH II. — Prince DE LIGNE. — LOUDON. — PAUL Ier. — Pe et Psse GARGARIN. — TEKELI. — GUSTAVE III. — REINE MATHILDE, etc.

Très belles épreuves.

IMPRIMÉ

PAR

PHIPIPPE RENOUARD

19, rue des Saints-Pères

PARIS

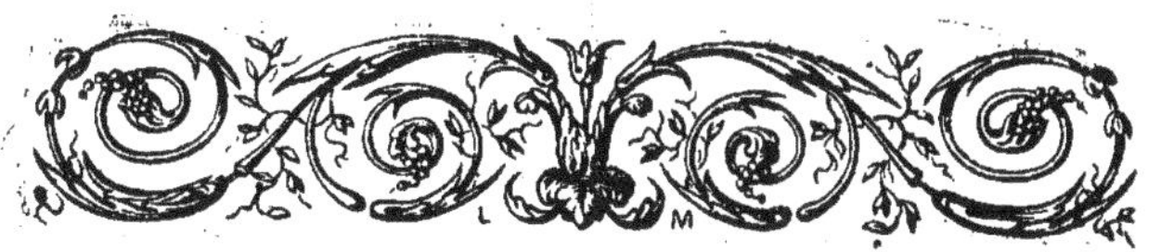

ALIX (P.-M.)

Béral.

1. MOLIÈRE (J.-B. Poquelin de), en buste dans une bordure ovale reposant sur une tablette où est représentée la scène VII° du 4° acte de Tartuffe; gravé d'après Garneray.

Très belle épreuve, imprimée en couleurs.

Béral.

2. BERNADOTTE, en pied, gravé à la manière noire, d'après Hilaire Le Dru. In-f°.

Très belle épreuve avec marge.

ANONYME

Béral.

3. MARIE-ANTOINETTE D'AUTRICHE, reine de France; petit médaillon ovale gravé au pointillé d'après Boze?

Très belle et rare épreuve imprimée en couleurs. Marge.

ARDELL (Mac)

Béral

4. *The Right Honourable Henri Fox Esq*, *secretary of state*, gravé, à la manière noire, d'après Liotard. In-f°.

Très belle épreuve.

Béral

5. PUNT, graveur représenté à mi-jambes, assis dans son atelier. In-f°.

Superbe épreuve avant toutes lettres.

AUDOUIN et HENRIQUEL DUPONT

6. Louis XVIII dans son cabinet. — Louis-Philippe en pied. 2 portraits grand in-f°.

> Superbes épreuves avant toutes lettres.

BALÉCHOU (J.-J.)

7. Crébillon (Jolyot de). — Rollin (Ch.). — La Popelinière, 3 portraits in-f°, gravés d'après Aved et Coypel.

> Très belles épreuves.

BÉATRIZET (N.)

8. Henri II, roi de France, vu de face dans une bordure ovale ornée de chaque côté de figures allégoriques et décorée, dans le haut, des armes Royales (R. D. 40). In-f°.

> Très belle épreuve.

BEISSON (E.)

9. Marat, d'après le tableau peint, d'après nature, par Boze. In-f°.

> Très belle épreuve avant la lettre.

BERVIC (Ch.-Cl.)

9 *bis*. Louis XVI, roi de France, debout en pied sur le trône, d'après Callet. Grand in-f°.

> Très belle épreuve avant la déchirure, signée du graveur. Marge.

BONNET

10. Du Barry (Madame la Comtesse), médaillon ovale, in-8°, entouré d'une guirlande de roses.

> Très belle épreuve imprimée en couleurs.

BORCHARDT (D'après C.)

Joh. 11. *A good Boy*, gravé à la manière noire par C. H. Hodges.

Très belle épreuve imprimée en couleurs.
Cadre en bois doré et sculpté, époque Louis XVI.

BOSSE (Ab.)

12. L'Enfant prodigue; suite de 6 pièces (D. 34-39).

Très belles épreuves avec marges.

13. Les Vierges sages et les vierges folles; suite de 7 pièces (43-49).

Superbe épreuve avec le tracé des lignes très apparent. Marges.

14. Les noms, surnoms, qualitez, armes et blasons des chevaliers et officiers de l'ordre du Saint-Esprit; suite de 4 pièces (1207-1210).

Très belles épreuves, le titre est fort rare.

15. La Joye de la France (1226).

Très belle épreuve. Marge.

16. L'Infirmerie de l'hôpital de la Charité de Paris (1266).

Très belle épreuve.

17. L'Hôtel de Bourgogne (1268).

Très belle épreuve.

BRACQUEMOND (F.)

Beral 18. Méryon (Charles), gravé à l'eau-forte, d'après nature (B. 78). In-4°.

Très belle épreuve sur papier de Chine volant.

19. CLADEL (Léon). — COMTE (Auguste). — DIDIER (Jules).
— GONCOURT (Edmond et Jules de). — KEAN
(Charles). — LAURENS (Jules). — LEGROS (Alphonse).
7 portraits in-4° et in-f°.

> Superbes épreuves, le portrait de Legros est du 1er état.

BRETON ET BOILLET (à Paris chez)

20. *The little Punderer*, petite pièce ovale gravée au pointillé.

> Très belle épreuve en couleurs.

CARDON (A.)

21. *Général Thaddeus Kosciuszko*, couché sur un canapé,
d'après R. Cosway. In-f°.

> Très belle épreuve. Rare.

CARICATURES

22. Caricatures politiques publiées en 1814 et en 1815.
34 pièces.

> Épreuves coloriées ayant toutes leur marges.

CARMONTELLE (D'après L. CARROGIS de)

23. Monseigneur le Duc de CHEVREUSE. — Monsieur le
Comte de DUNOIS, son fils. 2 portraits in-4°, en pied,
gravés par A. de Saint-Aubin et Fessard.

> Très belles épreuves tirées sur la même feuille.

24. FRANKLIN, assis, son chapeau posé sur le texte des lois
de Pensylvanie, gravé par Née. Petit in-f°.

> Très belle épreuve. Marge.

25. L'Abbé ALLAIRE, épreuve à l'état d'eau-forte. — Le
Baron de BEZENVAL, 1er état. — BRIZARD. 2 épreuves

eau-forte et avec lettre. — Durey de Meynières de Bourneville. — Chauvelin. — Clairault. — G. F^s de Fontenay. 8 portraits, en pied, gravés la plupart par Delafosse.

Très belles épreuves.

Beral 26. Le Conseiller Lambert. — Le Président Ménières. — Le Comte de Milly. — Le Chevalier de Montbarrey et le Marquis d'Entragues. — Trudaine de Monsigny, épreuve avant la lettre. — Le Comte de Waldner. — Joseph Xaupi. 7 portraits en pied, petit in-f° par divers graveurs.

Très belles épreuves.

* 27. Jeune femme vue de profil, brodant à l'aide d'un petit métier posé sur ses genoux, gravé par Demarteau. N° 336.

Très belle épreuve tirée à la sanguine. Marge.

CARS (L.)

Beral 28. Conti (Louis-François de Bourbon, prince de), d'après P. Le Maire. In-f°.

Très belle épreuve.

CATHELIN (L.-J.)

* 29. Paris de Montmartel (Jean), financier, assis en pied dans son cabinet; la tête est gravée d'après La Tour, l'habillement et le fond d'après C. N. Cochin. Grand in-f°.

Très belle épreuve.

CHALLE (D'après M.-A.)

* 30. Le Retour des vendanges, par Buisson.

Superbe et rare épreuve avant toutes lettres. Marge.

31. Le modèle disposé, par Chaponnier.

Très belle épreuve. Cadre doré style Louis XVI.

CITALIS (S.)

32. Louis XVII. — Marie-Thérère-Charlotte, Madame, en buste dans des bordures ovales entourées de drapeaux et de guirlandes de fleurs. 2 portraits in-f°, gravés d'après Miery.

Très belles et très rares épreuves tirées en bistre, les figures en couleurs. Grandes marges.

COCHIN (Par et d'après C. N.)

33. Collection de 144 portraits, in-4°, dont vingt doubles, en différents états, formant l'œuvre presque complet des portraits gravés d'après le maître :

Ch. N. Cochin. — D'Alembert. — Basan. — Beaujon. —Comte de Brulh. —Chardin. — Mme Chardin. — Chevert. — Crébillon. — Coustou. — Deschamps. — Mme Favart. — Lady Hervey. — Mlle Lecomte. — Mis de Marigny. — Sophie Lecoulteux. Du Molay. — Lémoyne. — Perronau. — Leroux d'Agincourt. — L. de Silvestre. — Cte de Veuce. — Wattetet, etc.

Cet œuvre est un des plus beaux que nous connaisisons, les épreuves sont superbes, très fraiches et ont presque toutes de grandes marges.

COSTUMES (Pièces sur les)

34. Collection de portraits in-4°, en pied, de souverains, grands seigneurs et grandes dames, vêtus en modes nouvelles et habillements à la mode de l'époque Louis XIV, gravées par H. et N. Bonnart, Berey, Mariette et Trouvain.

27 pièces des plus intéressantes et comme costumes et comme portraits, parmi lesquelles on remarqne :

Le Grand Dauphin. — Duc de Bourbon. — Duc d'Anjou. — Duc du Maine. — Duc et Duchesse de Chartres. — Mlle d'Orléans. — Duchesse d'Albret. — Princesse de Conty. — Mme de Ludre. — Mlle de Meunetoud, à sa toilette. — Marquise de Richelieu. — Duchesse de Roquelaure. — M^{se} de Villequifr.

Les épreuves sont très belles et très fraîches.

35. **Galerie des modes et costumes Français. Planches 112, 236 et 238. 3 pièces d'après Le Clerc.**

Très belles et très fraîches épreuves coloriées. Marges.

36. **La Galerie Dramatique. Réunion des 165 portraits costumes d'acteurs et d'actrices en pied, publiés chez Martinet, dont 150 sont dans les cinq cents premiers numéros de l'ouvrage.**

Très fraîches épreuves coloriées.

CURTIS

37. **Marie-Antoinette d'Autriche, reine de France, d'après Defroe. Médaillon ovale in-f°.**

Superbe épreuve tirée en bistre. Marge.

DAGOTY (Gauthier), le père

38. **Arouet de Voltaire, d'après Gautier Dagoty fils. In-4°.**

Superbe épreuve avec marge.

39. **Duéresny, auteur dramatique, en buste, assis à sa table de travail et tenant sa plume à la main. Grand in-f°. ovale.**

Très belle épreuve imprimée en couleurs; au verso une autre estampe du même graveur également imprimée en couleurs, représentant une scène de l'histoire romaine.

DAULLÉ (J.)

40. FEUQUIÈRES (Cath. Mignard, comtesse de), d'après P. Mignard. In-f°.

> Superbe épreuve avant l'adresse. Sans marge sur les côtés.

41. FRÉDÉRIC-AUGUSTE III. — MARIE-THÉRÈSE, reine de Hongrie. — LOUIS XV. — DUC D'ORLÉANS. — — RACINE. — M. DE NESTIER, à cheval. 6 portraits in-4° et in-f°.

> Très belles épreuves.

DEBUCOURT (L. Ph.)

42. Les deux baisers, d'après le tableau du maître exposé au salon de 1785, sous le titre : *La Feinte caresse* (M. F. 7.)

> Magnifique épreuve imprimée en couleurs, elle est très fraîche et à la marge du cuivre.

43. Le Menuet de la Mariée, 1786 (8).

> Très belle épreuve imprimée en couleurs avant toutes retouches et avant qu'un 2° et un 3° points aient été ajoutés après la date de 1786. Marge.

44. La Rose. — La Main, 1788 (17 et 18).

> Deux des plus charmantes pièces du maître, faisant pendants.
> Superbes épreuves imprimées en couleurs, elles sont de la plus grande fraîcheur et ont de très grandes marges. Excessivement rare de cette qualité.

45. Les Courses du Matin ou la porte d'un riche (173).

> Très belle épreuve. Grande marge.

J. Promenade anglaise, d'après C. Vernet.

> Très belle épreuve en couleurs.

Toral 47. La Calèche, d'après C. Vernet.

Très belle épreuve. Encadrée.

DEBUCOURT (D'après)

Beral 48. Vive le Roy, par A. Legrand (25).

Très belle épreuve tirée avant les modifications qu'a subies la planche par la suite.

DELF (W. G.)

49. BAVIÈRE (Wolfang-Wilhem de), comte Patatin, d'après Miereveld (F. 68). In-f°.

Très belle épreuve du 1er état : avant que l'année 1630 ait été convertie en 1631.

DEMARTEAU (G.)

Beral 50. HUET (J. B.), d'après lui-même, (titre du 1er cahier de ses œuvres). In-f° oblong.

Très belle épreuve imprimée à la sanguine.

Beral 51. L'abbé POMMYER d'après Cochin. — Portrait d'homme en buste de profil à gauche ; médaillon ; ovale reposant sur une tablette où on ne lit aucune inscription. 2 pièces in-4° et in-8°.

Très belles épreuves, la première pièce est tirée à la sanguine, la seconde aux crayons de couleurs.

DENON (Le Baron vivant)

Beral 52. Partie de son œuvre.

22 pièces, dont vingt eaux fortes et une lithographie parmi lesquelles on remarque :

Son portrait à différents âges. — AUBOURG, Md de curiosités à Paris. — BARRÈRE à la tribune. — CATH. CITTO. —

Mlle Cottelini, actrice. — Lady Hamilton. — Joly, garde des estampes de la Bibliothèque Nationale. — Mme Vigie Lebrun. — La Comtesse Marin. — La Comtesse Stolberg, etc.

Très belles et très fraîches épreuves ayant de très grandes marges.

DESCOURTIS? (Ch. M?)

53. Frederica Louisa Wilhelmina, princesse d'Orange et de Nassau. In-f° gravé à la manière noire.

Très belle épreuve. Rare.

DEVÉRIA (A. et E.)

54. Les filles du Roi Louis Philippe. — A. de Lamartine. — David d'Angers. 3 portraits in-f°.

Très belles épreuves sur chine et sur blanc.

DIVERS

55. Prince de Conti. — Chevaleret. — Chupin. — Anne de Harlay, abbesse de l'Abbaye-aux-Bois. — Abbé de Louvois. — J. de Malherbe. — F. Quesnel. — Séguier. 8 portraits in-f° gravés par Huret, Humblot, M. Lasne, Tardieu et autres artistes.

Très belles épreuves.

56. Louis XV, roi de France. 3 portraits in-f° différents, gravés par Benoist et Wille.

Très belles épreuves.

57. Bonneval (J.-J.). — Lekain (H. L.). — Chanville. — Mlle Mars. 4 portraits in-f° d'artistes de la Comédie-Française, gravés par Michel de Lorraine et Lignon.

Très belles épreuves ; le portrait de Mlle Mars est avant toutes lettres.

Béral

58. Louis XVI, roi de France. — Livry (Nicolas), évêque
de Callimaque. — Portrait d'ecclésiastique. 3 portraits, in-f°, gravés par Romanet et Massard.

> Superbes épreuves avant toutes lettres; la dernière pièce
> est non terminée.

Béral?

59. Orléans (Louis-Philippe, duc d'). — Artois (Charles-
Philippe de France, comte d'). — Condé (Louis-
Joseph de Bourbon, prince de). 3 portraits in-f°,
gravés par Brookshaw, Freschis et Cathelin.

> Très belles épreuves.

Béral

60. De Bonneval. — H. de Cossé-Brissac, abbé de Fonfroide. — Cardinal Fleury. — César de Rochechouart. — Tyndall. 5 portraits in-f°, gravés par
Chereau, M. Horthemels, Tardieu et autres artistes.

> Très belles épreuves.

Béral

61. Biron (duc de). — Delille. — Masers de Latude. —
Duc de Luynes. — De Saussure, 5 portraits in-f°
gravés par Baudoin, Ingouf, Vangelisty et autres.

> Très belles épreuves; le portrait de Delille est avant toutes
> lettres.

Béral

62. Allegrain, (Christian-Gabriel), sculpteur. — Nicol,
littérateur. — Vanloo (Michel), peintre. — Vien
(Joseph), peintre. — Boudan, imprimeur 5 portraits, in-f°, par Klauber, Tardieu, Miger et Sarrabat.

> Très belles épreuves, le premier portrait est avant la dédicace.

Béral

63. Albe (duc d'). — Bragance (Don Pedro de). — Charles-
Emmanuel III. — Comte et Comtesse Durazzo. —
Comtesse de Maens. — Victor-Amédée III, roi de
Sardaigne, etc, 8 portraits in-f° gravés par Chevillet,
Moles, A. de Saint-Aubin, etc.

> Très belles épreuves, deux sont avant la lettre.

64. Baptiste aîné. — Delacroix. — Firmin. — Levé (Alvarès). — Hoe (R.), président du Grolier-Club de New-
York, etc. 6 portraits in-f° gravés et lithographiés
par Devéria, Grevedon et autres artistes.

> Très belles épreuves.

DREVET (P.)

65. Beauvau du Rivau (René-François de), archevêque de
Narbonne, d'après H. Rigaud (F. Didot 17). In-f°.

> Superbe épreuve. Grande marge.

66. Cotte (Robert de), architecte, d'après H. Rigaud (34).
In-f°.

> Superbe épreuve du 1er état : avant que le mot, *architecte*,
> ait été intercalé dans la première ligne de l'inscription. Rare.

67. Louis XIV, roi de France, debout en pied sur le trône,
d'après H. Rigaud (55). Grand in-f°.

> Très belle épreuve. Marge.

68. Louis XV, roi de France, représenté enfant assis sur le
trône (58). Grand in-f°.

> Très belle épreuve. Marge.

69. Maine (Louis-Auguste de Bourbon, prince de Dombes,
duc du), d'après F. de Troy (60). petit in-f°.

> Superbe épreuve.

70. Le même Personnage, d'après F. de Troy (62.), grand
in-f°.

> Très belle épreuve avec marge. Fort rare.

71. Toulouse (Louis-Alexandre de Bourbon, comte de),
grand amiral de France, d'après De Troy, (63).
Grand in-f°.

> Très belle épreuve avec marge. Très rare.

Beral 72. Conti (François-Louis de Bourbon, prince de), élu roi de Pologne en 1697, en pied, d'après H. Rigaud (66). Très grand in-f°.

Très belle épreuve,

73. Lambert (Marie de Laubespine, Mme), d'après N. de Largillière (81.) In-f°.

Très belle épreuve du 2e état : avant que l'indication de la rue, dans l'adresse de Drevet, ait été supprimée.

Berdt 74. La Vrillière (Louis-Phelippeaux, marquis de), d'après Gobert (85.) In-f°.

Très belle épreuve avec marge; les armes sont coloriées.

Beral 75. Noailles (Louis-Antoine de), cardinal et archevêque de Paris, d'après H. Rigaud (101.) In-f°.

Superbe épreuve du 2^d état : avant l'adresse de Bligny. Grande marge.

Beral 76. Rancé (L'abbé de), réformateur de la Trappe, d'après H. Rigaud. In-8°.

Très belle épreuve d'une estampe de la plus grande rareté; on n'en connaît que 3 épreuves.

77. Rigaud (Maria Serre, Mme), mère de l'artiste, d'après lui-même (110.) In-f°.

Très belle épreuve.

78. Rigaud (H.), célèbre peintre de portraits, d'après lui-même (112). In-f°.

Très belle épreuve du 2e état : avant la lettre, mais avec les noms des artistes gravés au-dessous du trait carré.

Beral 79. La même Estampe.

Très belle épreuve.

Beral — 80. ROHAN (Armand-Gaston, prince de), cardinal, d'après H. Rigaud. (113.) In-f°.

> Superbe épreuve du 4° état : avant que les vers sur la tablette du socle aient été effacés et avant la croix pastorale sur la poitrine du personnage. Marge.

81. VILLARS (Claude-Louis-Hector, duc de), maréchal de France (123.) In-f°.

> Superbe épreuve du 3° état : avant que l'inscription en neuf lignes, qui se lit dans la tablette, ait été remplacée par une autre inscription ne formant que six lignes.

Beral — 82. BRUNET DE MONTFERRAND. — FÉLIBIEN. — BOILEAU. — LAVERGNE DE TRESSAN, archevêque de Rouen (Le petit bréviaire). 4 portraits in-8°.

> Très belles épreuves.

DREVET (P. I.)

83. ORLÉANS (Élisabeth-Charlotte de Bavière, duchesse d'), d'après Rigaud (17.) In-8° oblong.

> Très belle épreuve avant le texte au verso.

DREVET (Cl.)

84. SIZENDORF, (Philippe-Louis, comte de), homme d'état allemand, d'après H. Rigaud (15). In-f°.

> Très belle épreuve tirée avant qu'à la suite du nom du graveur la faute au mot *Parisis* ait été rectifiée en *Parisiis*.

DUPUIS (N.)

Beral — 85. CZERNICHEW (Pierre Gregorievitz), comte de l'Empire de Russie, sénateur..... Ambassadeur extraordinaire et plénipotentiaire à la cour de S. M. Très chrétienne etc., gravé d'après Roslin, le Suédois. In-f°.

> Très belle épreuve.

EARLOM (R.)

86. **AREMBERG** (duc d'). Grand portrait équestre gravé à la manière noire, d'après Ant. Van Dyck.

Superbe épreuve avant la lettre.

ÉCOLE ANGLAISE (XVIIIᵉ siécle)

87. *Adélaïde*, médaillon rond gravé par Auvray, représentant une scène de la Bergère des Alpes de Marmontel.

Très belle épreuve imprimée en couleurs.

88. Jeune femme debout au bord de la mer dans l'attitude de la désolation: médaillon ovale.

Très belle épreuve imprimée en couleurs.

ÉCOLE FRANÇAISE (XVIIIᵉ siècle)

89. Mariage du dauphin avec Marie-Joséphine de Saxe. — Mariage du dauphin avec Marie-Antoinette d'Autriche. — La Justice protège les arts. — Frontispice de l'Encyclopédie. — Monument funéraire de Marie-Thérèse. 5 pièces allégoriques d'après Slodtz, Cochin et Guérin.

Très belles épreuves avant et avec la lettre, et à l'état d'eau forte.

90. Le départ et le retour du Milicien — Le rival séducteur et l'amant vengé. — Les adieux de Calas à sa famille. — Le maître de danse, 6 pièces d'après Le Barbier, Ransonette et Canot.

Très belles épreuves.

91. Le Charlatan Français. — Vignettes pour la Nouvelle Héloïse 3 pièces d'après Duplessis Bertaux et Moreau.

Très belles épreuves.

92, La Surprise. — Erigone. — Le Concert. — Les Nymphes au bain.

4 pièces à l'état d'eau-forte.

EDELINCK (G.)

93. Sainte Madeleine, d'après Ch. Le Brun (Portrait de Mlle de La Vallière?) (R. D. 32). In-f°.

Très belle épreuve tirée avant que l'adresse de la rue du Foin ait été remplacée par celle des Galleries du Louvre.

94. Hozier (Ch. d'), généalogiste du roi, d'après H. Rigaud (184). In-f°.

Très belle épreuve. Marge.

95. Leuwen (Gerbrand van), professeur à Amsterdam, d'après A. Boonen (239) In-f°.

Superbe épreuve du 1er état : avant l'inscription sur la bordure et les vers sur le socle. Grande marge.

96. Lionne (Jules-Paul de), aumônier du roi, prieur de saint-Martin des Champs, d'après Tortebat (247). In-f°.

Très belle épreuve du 2me état : avant que la dédicace à C. Martin ait été enlevée.

97. Parent (Jean-Charles), chevalier romain, d'après Tortebat (287). In-f°.

Superbe épreuve.

98. Simon (Pierre), graveur au burin, d'après P. Ernou (320). In-f°.

Superbe épreuve du 2ⁿ des cinq états décrits : avant toute adresse.

99. Descartes. — Keller. — Michel le Tellier. 3 portraits in-4°.

Très belles épreuves.

100. DESCARTES. — FURETIÈRE. — DUC DE NOAILLES. —
PASCAL. 4 portraits petit in-f°.

> Très belles épreuves, le portrait du duc de Noailles est
> du 1er état.

101. ANTOINE ARNAUD. — MICHEL LE TELLIER. — JEAN
RACINE. — Hyacinthe RIGAUD. 4 portraits in-f°.

> Très belles épreuves.

102. Madame de MIRAMION. — HENRI-CASIMIR, stathouder
de Frise et de Groningue — Claude de SAINTE-
MARTHE. — Dame de WERGUIGNOCUL. — LOUIS XIV.
— MASCARON. — GASSION. — FABERT, etc. 13 portraits in-8° et in-4°.

> Très belles épreuves.

103. EPERNON (Anne-Louise-Christine de Foix d'). — FLE-
CHIER. — PHILIPPE V à cheval. — Duc du MAINE. —
N. MALEBRANCHE. 5 portraits in-4°.

> Très belles épreuves.

EDELINCK (N.)

104. ORLÉANS (Philippe duc d'), petit-fils de France, régent du Royaume. Grand portrait équestre gravé
d'après L. Ranc.

> Très belle épreuve.

FALCK (J.)

105. IWENHUISEN, peintre. In-f°.

> Superbe épreuve.

FIRENS (P.)

106. MARIE DE MÉDICIS en veuve — LOUIS XIII ET ANNE

2

D'Autriche en regard l'un de l'autre sur la même
feuille, 2 pièces in-4°.

Très belles épreuves, la dernière est avant le texte au
verso.

FRAGONARD (D'après H.)

107. Dites donc s'il vous plait, par N. de Launay.

Très belle épreuve.
Cadre ancien noir et or,

108. La Fontaine d'amour. — Le Songe d'amour. 2 grandes
pièces gravées au pointillé par Regnault.

Très belles épreuves.
Cadres en bois.

FREUDEBERG (D'après S.)

109. Le Petit jour, par N. de Launay.

Superbe épreuve avec la tablette blanche, le titre et les
noms des artistes, sans aucune autre lettre. Petite marge.
Cadre ancien, noir et or.

110. La Toilette champêtre. — La Propreté villageoise.
Deux pièces faisant pendants.

Très belles épreuves imprimées en couleurs. Fort rares.

111. La Gaieté conjugale, par N. De Launay.

Très belle épreuve. Marge.

GAILLARD (R.)

112. Potier de Gesvres (Etienne-René), Cardinal, Evêque
et comte de Beauvais, d'après Pompéo-Batoni.
In-f°.

Superbe épreuve avant toutes lettres. Très rare.

GAVARNI (H. S. Chevallier dit)

113. BOURNANCÉ (E. B. 4). — SAINT HENRY BERTHOUD (9). — ROSA BONHEUR (12). — Mme MONTIGNY (53). 4 portraits in-4°.

Très belles et très rares épreuves imprimées sur chine et sur blanc; le portrait de Rosa Bonheur a été tiré à cinq exemplaires seulement.

114. PIERRE BRY, 1er état (14). — Mme CÉNAU (15). — Le Père de GAVARNI (19). — Le Comte de CHAMBORD et la D^{sse} DE PARME, enfants (39). — M. et Mme TAIGNY (63). — THÉNOT (65). — La Reine VICTORIA (69). 8 portraits in-4°.

Très belles épreuves.

GRATELOUP (Jean Baptiste de)

115. Son œuvre complet composé de 9 portraits in-8°, plus 3 pièces de J. P. S. de Grateloup, son neveu. Ensemble 12 pièces.

BOSSUET en pied (F. 1). — BOSSUET en buste (2). — DESCARTES (3). — DRYDEN (4). — FÉNELON (5). — AD. LECOUVREUR (6) 1er état. — MONTESQUIEU (7). — M. DE POLIGNAC (8) 1er état. — J. B. ROUSSEAU (9). — DRYDEN. — NAPOLEON. — MESENGNY (L'abbé de) GRATELOUP.

Très belle épreuves, la plupart sur chine collé.

GREEN (V.)

116. HUNTLER (Cath.) gravé à la manière noire, d'après Calza. In-f°.

Très belle épreuve.

GREUZE (D'après J. B.)

117. La Voluptueuse. — La Jeune fille pensive. 2 pièces, faisant pendants, gravées par Gaillard et Ingouf.

Très belles épreuves. Encadrées.

GUNST et B. PICARD

118. MALBOROUGH (Duc de). — SAVOIE (Le Prince Eugène de) représentés à mi-corps. 2 portraits in-f° d'après van der Werf et van Schuppen.

Très belle épreuves. Grandes marges.

GUTTENBERG et SCHREHER

119. CATHERINE II, impératrice de Russie. 2 portraits in-f°.

Très belles épreuves, l'une d'elles est avant toutes lettres.

HAMILTON (D'après W.)

120. *The Morning*, par W. Tomkins.

Très belle épreuve tirée en bistre. Toute marge.

HISTORIQUES (Pièces)

121. HENRI IV. — GABRIELLE D'ESTRÉES. — CÉSAR DE BOURBON, DUC DE VENDÔME. — CATHERINE et HENRIETTE DE BOURBON et divers PERSONNAGES DE LA COUR, réunis sur la même feuille. *L. Gaultier sculpsit 1602, — J. Le Clerc excud.*

Très belle épreuve.

122. LE SCEPTRE DE MILICE : Henri IV en pied, couvert d'une riche armure, tranchant le nœud gordien et coupant les têtes de l'hydre. *L. Gaultier fecit.* In-4°.

Très belle épreuve. Rare.

123. « Le portrait de très hault, très puissant très excellent prince Henri-le-Grand... qui trespassa en son
palais du Louvre, le vendredi 14 may 1610 ».
*E. Quesnet pinx; J. Briot, fecit, avec privilège du
Roy.*

Très belle épreuve entourée seulement d'une partie de
la légende.

124. « L'admirable dessein de la porte et place de France
avec ses rues..., à Paris durant le règne de Henri
le Grand, 4° du nom... l'an de grâce 1610, par
Claude Chastillon, Chaalonnois.

Très belle épreuve, une légère déchirure.

125. « Les heureuses et fatales devises de Monseigneur le
Dauphin et de Madame, fille unique de Henri IIII,
roy de France et de Navarre. *L. Gaultier, fecit,
1604. — J. Le Clerc, excud.*

Très belle épreuve. Remargée.

126. « Cérémonies observées au sacre et couronnement du
très chrestien Roy de France et de Navarre
Louis XIII. » 2 pièces se complétant, gravées par
Th. de Leu et *Firens*, d'après *Quesnel.*

Très belles épreuves, la pièce gravée par Th. de Leu est
seule entourée de sa légende explicative,

127. « Les Illustres projets de Louis-le-Grand heureusement
exécutez par luy mesme ». *A Paris, chez Nicolas de
Larmessin.* Grand almanach pour l'année 1693.

Très belle épreuve.

128. Bavière (Marie-Anne-Victoire de), dauphine de
France, dans une bordure ovale reposant sur un
cartouche où est représentée la présentation du duc

de Bourgogne enfant à sa mère.￼ *A Paris, chez Pierre Giffart*. Grand in-f°.

129. La Bataille de Fontenoy, au milieu de la composition, Louis XV entouré de tous les chefs de l'Armée. Grande pièce anonyme en largeur.

Très rare épreuve, dans un état d'eau-forte assez avancé.

130. La France témoigne son affection à la ville de Liège. — Convalescence de Louis XV. — Minerve annonce la paix à la ville de Paris. — Le Duc de Chartres passe à Notre-Dame de Gournay, etc. 7 pièces par et d'après Cochin, Hallé, Monnet et autres artistes.

Très belles épreuves, une d'elles est à l'état d'eau-forte.

131. Avènement de Louis XVI et de Marie-Antoinette d'Autriche au trône de France. — Les vœux du peuple confirmés par la Religion. — Les Garants de la Félicité publique. 3 pièces allégoriques gravées par et d'après Patas, Monnet et Saint-Quentin.

Très belles épreuves. Marges.

132. Prise de la Bastille, gravé par W. Nutter, d'après Singleton.

Très belle épreuve avant la lettre.

133. Service funèbre, fait au Champ de la Fédération le 31 août 1790. — La liberté des Entrées. — Fin tragique de Louis XVI. — Testament de Louis XVI. — Mort de Marie-Antoinette. — Valeur des assignats et autres papiers-monnaies, etc. 8 pièces gravées par Girardet, Vérité et autres artistes.

Très belles épreuves, deux sont coloriées.

Beral   134. Louis XVI, à l'assemblée Nationale, accepte la Constitution. — Louis XVI à la barre de la Convention
Nationale, le 26 décembre 1792. — La Fédération.
— La Journée du 21 janvier 1793. 4 pièces par et
d'après Pelegrini, Monnet et Malapeau.

Très belles épreuves, deux sont à l'état d'eau-forte.

Beral   135. La Séparation de Louis XVI et de sa famille ; grande
pièce, en largeur, gravée par Schiavonetti d'après
Bénazech.

Très belle épreuve tirée en bistre.

*   136. Les Principales journées de la Révolution ; suite de
12 pièces gravées par Helman, d'après Cl. Monnet,
plus la feuille de texte explicatif.

Anciennes et très belles épreuves avec de très grandes
marges. 1 vol. in-f° oblong. cart.

Beral   137. Format de Cocarde et dessus de Boîte. — Marat vain-
queur de l'Aristocratie. — Louis-le-faux, — Le
Crible de la Révolution. — Les Loups ne se mangent
point. — 14 Juillet 1789, 14 Juillet 1790. — Je
suis entre le peuple et la loi. — Philippiques.
Pet... merdeux, etc. 28 pièces satiriques gravées à
la manière du lavis.

Très belles épreuves.

Beral   138. Portraits de Bonaparte. — Affaire de la rue Saint-
Nicaise. 19 Brumaire an 8. — Deuxième concilia-
bule des vénérables Pères communicats, janvier
1801. — Arrivée à Notre-Dame, le jour du sacre.
9 pièces.

Très belles épreuves, plusieurs sont à l'état d'eau forte.

HOIN (D'après)

139. Hoin (Claude-Jean), graveur, d'après lui-même, in-4°

> Superbe épreuve avant toutes lettres. Toute marge.

HUET (D'après J.-B.)

140. Vue de l'intérieur d'une ferme. par Jubier.

> Belle épreuve aux crayons de couleurs.

JANINET (F.)

141. Amour tu fais des jaloux, d'après F. Boucher.

> Superbe et très fraîche épreuve avant toutes lettres imprimée en couleurs.
>
> Cadre en bois doré et sculpté, époque Louis XVI.

142. Frontispice du recueil de vues pittoresques des principaux édifices de Paris.

> Très belle épreuve imprimée en couleurs.

JEAURAT (D'après E.)

143. Le Joli Dormir, par Mme Tardieu (Portrait de Mme Laline d'Epinay?)

> Très belle épreuve. Toute marge.

LALIVE (de July)

144. Lalive de Bellegarde (Louis-Denis). — Condé (Charlotte-Godfride-Élisabeth de Rohan-Soubise, Princesse de), buste dans une composition allégorique. 2 portraits in-f°, gravés à l'eau-forte, d'après H. Rigaud et Vassé.

> Très belles épreuves.

LANDRY (P.)

145. BRULART (Nicolas), premier Président au Parlement
de Bourgogne. — BRULART (Florimond), marquis
de Genlis. — LESCUYER (François), maître des
Comptes. 3 portraits in-f° gravés d'après Ant. Dieu
et Gribelin.

Très belles épreuves.

LARMESSIN (N. de) l'aîné

146. « LOUIS cinquiesme du nom, Vintiesme dauphin de
France » (Le grand Dauphin), d'après Beaubrun.
In-f°.

Très belle épreuve.

LASNE (M.)

147. LOUIS XIII, roi de France, à cheval ; le fond gravé
par Callot représente le combat de Veillane. Grand
in-f°.

Très belle épreuve.

LAWRENCE (D'après sir Thomas)

148. *Master Lambton*, gravé à la manière noire, par Samuel
Cousins.

Très belle épreuve avec la 1re adresse, celle de Colnaghi
seul.

149. La Balançoire mystérieuse, par Vidal (9).

Superbe épreuve avant toutes lettres et avant le flot.
Cadre noir et or.

LAWREINCE (D'après N.)

150. L'Aveu difficile, par Janinet (8.)

> Magnifique épreuve imprimée en couleurs d'une fraîcheur de coloris incomparable; elle est antérieure au 1er état décrit.
>
> Non seulement elle est avant toutes lettres et avant que le troisième pied du fauteul ait été indiqué, mais elle est de plus *avant le trait renforcé servant d'encadrement;* elle est dans cet état d'une extrême rareté. Petites marges.

151. La Comparaisou, par Janinet (12.)

> Très belle épreuve imprimée en couleurs. Sans marge sur les côtés et doublée.

152. Le Restaurant, par Deny (53).

> Superbe épreuve avant toutes lettres. La lettre, recouvrant le titre tracé à la pointe dans la marge, est manuscrite.
> Cadre noir et or.

LE BEAU

153. Duc de Bourbon. — Duchesse de Bourbon, 2 épreuves dont une est avant la lettre. Ensemble 3 portraits in-8°.

> Très belles épreuves avec marges.

LEBRUN (D'après Mme L. VIGÉÉ)

154. Louis XVI. — Marie-Antoinette, 2 médaillons ovales petit in-f°, faisant pendants, gravés par Mairet, 1789.

> Très belles épreuves imprimées en couleurs, le portrait du roi, tiré sur papier vélin, est avant toutes lettres.

155. Louis XVI. — Marie-Antoinette, 2 charmants petits médaillons ronds gravés par Alix.

> Très belles épreuves imprimées en couleurs. Sans marges.

156. Louis XVI, roi de France. — MARIE-ANTOINETTE
D'AUTRICHE, représentés à mi-jambes, 2 médaillons
ovales in-f°, faisant pendants, gravés par Schinker.

Très belles épreuves ayant de très grandes marges.

LECLERC (D'après)

157. Le Bon Logis. — A beau Cacher. 2 pièces, faisant
pendants, gravées par L. Bonnet.

Très belles épreuves tirées à la sanguine.

LE ROY (D'après P.)

158. Vue perspective du Champ de Mars, jour du serment
civique prononcé par la Nation Française assemblée
à Paris le 14 juillet 1790, gravé par J. B. Chapuy.

Très belle épreuve imprimée en couleurs.

LOMBART (P.)

159. PETAU (Paul), conseiller au Parlement de Paris. —
PUGET DE LA SERRE, historiographe. — SERVIEN
(Auguste de), abbé de Saint-Jouin. 3 portraits in-f°.

Très belles épreuves.

LEU (Thomas de)

160. BERTRAND D'ARGENTRÉ, 1er état. — FRANÇOIS DE VA-
LOIS, dauphin. — PIERRE DE GONDY. — HERVEY
(Gentien), 1er état. — MARIE DE MÉDICIS. 5 por-
traits in-8°.

Très belles épreuves.

LEU (Th. de) et L. GAULTIER

161. ARLENSIS (P.). — Charles de BOURBON (Charles X).
— Prince et Princesse de CONTI. — LAVAU (Guy

de). — LORRAINE (Louise de). — MONTAIGNE (Michel
de). — MÉDIDIS (Marie de). — SAINT-GERMAIN (Denis de). — STROZZI (Ph. de) — VENDOSME (César
de). 12 portraits in-8°.

Très belles épreuves.

LEVÂCHÉZ

162. LOUIS XVIII, roi de France, assis sur le trône. In-f°.

Très belle épreuve imprimée en couleurs. Doublée.

LEVILLY

163. *What-you will*, gravé au pointillé en réduction de
l'estampe de Smith.

Très belle épreuve en couleurs. Grande marge.

MARCENAY DE CHUY (Antoine)

164. Collection de 26 portraits in-4° et in-f° dont sept
doubles en différents états formant, moins quatre
pièces, l'œuvre complet des portraits gravés par le
maître.

SON PORTRAIT, épreuve d'essai.
CHARLES V, 2 épreuves avant toutes lettres dont une
d'essai ayant un dessin d'ornement dans la marge de droite.
CHARLES VII, 2 épreuves avant toutes lettres dont une
non terminée.
JEANNE D'ARC, épreuve avant toutes lettres.
BAYARD, épreuve avant toutes lettres.
HOSPITAL (Michel de L'), épreuve avant toutes lettres.
HENRI IV, épreuve avant toutes lettres.
SULLY, 2 épreuves avant toutes lettres dont une non
entièrement terminée.

Thou (le Présid^t de), épreuve avant toutes lettres.

Turenne (le Maséchal de), 2 épreuves avant toutes
lettres dont une d'essai avec un griffonnement dans la marge
de droite et un paysage dans celle du bas.

Villars (le Meréchal de), épreuve avant toutes lettres.

Eugène (le Prince), épreuve avant toutes lettres.

Saxe (le Maréchal de), 2 épreuves avant toutes lettres
dont une non terminée avec des essais de burin dans les
marges.

Argenson (Marc Paulmy d'), épreuve avant toutes
lettres.

Paoli (le Général), épreuve avant toute lettres.

Sage (B. G.), épreuve avant toutes lettres.

Legoux de Gerlaus, épreuve avant toutes lettres.

Mirabeau (le Marquis de), 2 épreuves avant la lettre
dont une d'essai non entièrement terminée.

Brunswick (Charles de), 2 épreuves avant toutes lettres
dont une non entierement terminée.

Cet œuvre est un des plus beaux et des plus complets
connus; toutes les épreuves sont superbes et sauf deux pièces
ont de grandes marges.

MARTINI (P.-A.)

165. Exposition au salon du Louvre, en 1787.

> Très belle épreuve avec une dédicace manuscrite à Wille.

MASSARD (J.-B.)

166. La famille de Charles Ier, roi d'Angleterre, d'après
Antoine van Dyck. Grand in-f°.

> Superbe épreuve avant toutes lettres.

MASSON (Ant.)

167. Forbin de Janson (Toussaint), évêque de Digne, puis
de Marseille et de Beauvais (27). In-f°.

> Très belle épreuve.

168. GUISE (Marie de Lorraine, duchesse de), d'après Mignard (32). In-f°.

> Très belle épreuve avec la bordure, mais avant le mot
> *Roma* suivi d'une figure de lapin après le mot *pinxit*. Grande
> marge.

169. MARIE-ANNE-VICTOIRE DE BAVIÈRE, dauphine de France,
buste fort comme nature (48). Grand in-f°.

> Très belle épreuve.

MATHAM (J.)

170. SULLY (Maximilien de Béthune, duc de), buste grandeur demi-nature, d'après Du Boys, 1614 (B. 25).
In-f°.

> Très belle épreuve du seul beau et authentique portrait
> du personnage.

MELLAN (Cl.)

171. BOURBON-CONTI (Armand de). — RETZ (Cardinal de).
— GUISE (L. de Lorraine, duc de). — REBE (Claude),
archevêque de Narbonne. — VILLEMONTÉE (François de), Intendant de Poitou, puis évêque de Saint-
Malo. 5 portraits in-f°.

> Très belles épreuves.

MIGER (C.)

172. LOUIS (Antoine), secrétaire perpétuel de l'Académie
Royale de chirurgie, d'après Greuze. In-f°.

> Très belle épreuve avant toutes lettres.

MINIATURES

173. Portraits de DEHAGEAN. — AURENG-ZEB. — BADOURCHA,
rois du Mogol.

> 3 anciennes et très fines miniatures hindoues.

MOITTE (P.-E.)

Beral 174. Grill (Anna), femme du Directeur de la Compagnie
des Indes. — Chauvelin (Henri-Philippe), conseiller
du Parlement de Paris. — Duhamel du Monceau.
3 portraits in-f°.

Superbes épreuves avant toutes lettres. Très grandes
marges.

MONCORNET et WOORDLIGE

Beral 175. Montespan (Marquise de). — Ninon de Lenclos, 2 portraits in-4° et in-8°.

Très belles épreuves, la dernière pièce est avant toutes
lettres, non entièrement terminée.

MONNET (D'après Cl.)

Gra 176. Le Roi d'Éthiopie abusant de son pouvoir, par Vidal.

Très belle épreuve avant toutes lettres et avant la drape-
rie. Grande marge.

Gra 177. Jupiter et Antiope, par Vidal.

Très belle épreuve avant toutes lettres et avant la dra-
perie. Grande marge.

MONSALDY et DEVISME

✳ 178. Vue des ouvrages de peinture des Artistes vivants,
exposés au Muséum central des Arts, en l'an XIII
(1800) de la République Française. 2 pièces se
complétant.

Très belles épreuves.

MOREAU (Par et d'après J.-M.)

179. Duc de CHOISEUL (E. B. 2). — LA VRILLIÈRE (24). — Louis XVI, étant Dauphin (25). — PINEAU (42). 4 portraits in-8° et in-4°.

> Très belles épreuves, les deux premières sont avant la lettre.

180. LA BORDE (J. Bᵒⁿ de), d'après Denon (21), in-4°.

> Très belle épreuve. Toute marge.

181. Louis XVI, dauphin. — BREVAL. — CHARDINY. — GARREAU. — LA HOUSSAYE. — Le Gâteau des Rois. 7 pièces gravées par le Maître, Lemire et autres graveurs.

> Très belles épreuves.

182. Exemple d'humanité. — Le Gâteau des Rois. 2 pièces gravées par Godefroy et Lemire.

> Très belles épreuves.

183. Ouverture des États-Généraux. — Constitution de l'Assemblée Nationale. 2 pièces faisant pendants.

> Très belles épreuves, la première pièce est avant toutes lettres, la seconde avant la liste des Députés.

MORIN (Ant.)

184. GONDY (J. François-Paul de), coadjuteur de Paris, puis cardinal de Retz, d'après Ph. de Champaigne (54). In-f°.

> Très belle épreuve ayant une très grande marge.

Beral   185. **Mercier** (Jacques Le), architecte, d'après Ph. de
Champaigne (69). In-f°.

> Très belle épreuve. Marge.

Beral   186. **Thou** (Augustin de), premier du nom (77). In-f°.

> Superbe épreuve ayant une grande marge.

Beral   187. **Valois** (Charles de), duc d'Angoulême. — **Verger de
Hauranne** (Jean du), abbé de Saint-Cyran. 2 por-
traits in-f° d'après Ph. de Champaigne.

> Très belles épreuves.

MORLAND (D'après G.)

Gra   188. *A visit to the child at nurse.* Grande et belle pièce en
largeur gravée à la manière noire, par W. Ward,
1788.

> Très belle épreuve en couleurs. Marge.

NANTEUIL (R.)

Beral   189. **Bellièvre** (Pomponne de), premier président au
Parlement de Paris, d'après Ph. de Champaigne
(R. D. 36). In-f°.

> Superbe épreuve du 1er état : avant les inscriptions sur
> la tablette.

Beral   190. **Blondeau** (François), Président de la Chambre des
comptes (40). In-f°.

> Superbe épreuve.

Beral   191. **Bochart-de-Saron**, chanoine de l'église de Paris. (42).
In-f°.

> Très belle épreuve.

192. **Boileau** (Gilles), greffier de la Grand'Chambre du Parlement de Paris. (43). In-f°.

>   Très belle épreuve du 2° état : avant le quatrain sur la face du socle.

193. **Bosquet** (François), évêque de Montpellier (44). In-f°.

>   Très belle épreuve avec marge. Col⁰ⁿ Didot.

194. **Lorraine** (Charles de), Vᵐᵉ du nom (63). In-f°.

>   Très belle épreuve. Très grande marge.

195. **Chaulnes** (Charles d'Albert d'Ailly, duc de), pair de France, gouverneur général des provinces et duché de Bretagne; buste fort comme nature (65). Grand in-f°.

>   Superbe épreuve du 1ᵉʳ état : avant que l'année 1676 ait été suivie d'un trait.

196. **Chavigny** (Léon Le Bouthilier, comte de), ministre d'état, d'après Ph. de Champaigne (66). In-f°.

>   Superbe épreuve.

197. **Clermont-Tonnerre** (François de), évêque de Noyon (68). In-f°.

>   Superbe épreuve, du 1ᵉʳ état : avec un seul point après la figure qui suit l'année et avant que le personnage ait été décoré d'une croix pastorale. Très rare,

198. **Coislin** (Pierre du Cambout, cardinal de) (69). In-f°.

>   Superbe épreuve du 1ᵉʳ état : avant que l'année ait été convertie en 1664. Marge.

199. **Colbert** (Jean-Baptiste), contrôleur général des Finances; buste fort comme nature (76). Grand in-f°.

>   Superbe épreuve du 3° des sept états décrits : avant que

la lettre B, tracée sur la plate bande de la bordure, au milieu du haut, soit suivie d'un point. Très rare.

200. COLBERT (Jacques-Nicolas), archevêque de Rouen, buste fort comme nature (78). Grand in-f°.

> Superbe épreuve du 1er état : avant que la bordure en feuilles de laurier ainsi que le fond extérieur aient été enlevés pour être remplacés par une bordure nouvelle et unie et avant que de nouvelles inscriptions aient été ajoutées dans les angles du bas.

201. DULIEU DE CHENEVAUX (François-Antoine), maître des comptes (85). in-f°.

> Superbe épreuve.

202. HESSELIN (Louis), conseiller d'état (110). In-f°.

> Superbe épreuve du 1er état : avant les inscriptions sur la face de la Console.

203. LA MEILLERAYE (Charle de la Porte, duc de) maréchal de France, d'après Juste (118). In-f°.

> Superbe épreuve.

204. LAMOIGNON (G. de), premier président du Parlement de Paris (119). In-f°.

> Très belle épreuve du 1er état : avant les inscriptions sur la bordure et avant que l'année ait été convertie en 1661.

205. LAMOIGNON (Guillaume de), premier président du Parlement de Paris (120). In-f°.

> Très belle épreuve.

206. LE PAUTRE (Antoine), architecte et ingénieur (127). In-f°.

> Superbe épreuve du 2e état : (Le premier est considéré comme unique) : avant l'adresse de Jombert.

207. **Le Tellier** (Michel), ministre d'état, puis chancelier
et garde des sceaux de France, d'après Ph. de
Champaigne (135). In-f°.

Très belle épreuve.

208. **Ligny** (Dominique de), évêque de Meaux (144). In-f°.

Très belle épreuve.

209. **Lionne** (Hugues de), secrétaire d'état (146). in-8°.

Très belle épreuve du 1ᵉʳ état : avant que l'inscription,
sur la tablette, ait été enlevée.

210. **Savoie** (Mʳ Jⁿᵉ Baptiste de Savoie-Nemours, duchesse
de), d'après F. Laurent du Sour (169). In-f°.

Très belle épreuve du 1ᵉʳ état : avant les mots : *pendant
la minorité de son fils.*

211. **Maisons** (René de Longueil, marquis de), surintendant
des Finances (165). In-f°.

Très belle épreuve.

212. **Marolles** (Michel de), abbé de Villeloin (171), 1ᵉʳ état.
— **Saint-Brisson** (Pierre Séguier, marquis de) (224).
2 portraits in-4°.

Très belles épreuves.

213. **Mazarin** (Jules), cardinal, ministre d'état (184), In-f°.

Très belle épreuve du 1ᵉʳ état : avant les éraillures sur la
bordure et sur le manteau.

214. **Neufville** (Ferdinand de), évêque de Chartres, d'après
Ph. de Champaigne (203). In-f°.

Très belle épreuve du 2ᵉ état : avant que l'année 1657
ait été convertie en 1658. Marge.

215. PÉRÉFIXE DE BEAUMONT (Hardouin de), archevêque de
Paris (213). Grand in-4°.

Très belle épreuve.

216. REGNAULDIN (Claude), procureur général au grand
Conseil (216). In-f°.

Superbe épreuve du 1er état : L'année est suivie d'un
point seul.

PETIT

217. POTIER DE GESVRES (Joachim-François-Bernard), pair
de France. — MAUREPAS (Jean-Frédéric-Phelip-
peaux, comte de), secrétaire de la maison du Roy et
de la marine. 2 portraits, en pied, gravés d'après
L. M. Vanloo.

Très belles épreuves.

PICHLER (J.)

218. LIECHTENSTEIN (Jean, Prince), général lieutenant au
service de S. M. I. et R, commandeur de l'ordre
militaire de Marie-Thérèse. In-f° gravée à la
manière noire.

Superbe épreuve avec marge.

PITAU (N.)

219. FRANÇOIS DE SALES (saint), évêque et prince de Genève.
In-f°.

Superbe et très rare épreuve du 1er état : avant les inscriptions sur le socle.

220. ESTRADES (François d'), abbé de Moissac, ambassadeur à Venise. — FIEUBET (Gaspard), conseiller

d'état, chancelier de la Reine. 2 portraits, in-f°,
gravés d'après N. de Platte-Montagne et C. Le
Febure.

Très belles épreuves.

POILLY (F.)

221. FABERT (Abraham), maréchal de France, d'après Ferdinand. In-f°.

Très belle épreuve avec marge.

POILLY (F.) et le BLOND

222. GUEMÉNÉE (Anne de Rohan, duchesse de). — MONT-
BAZON (Marie, duchesse de). 2 portraits. In-f°.

Très belles épreuves.

PRÉVOST

223. Le Cabaret de Ramponeau.

Très belle épreuve.

QUENEDEY

224. LA FAYETTE (Le général), en buste, de profil à gauche,
médaillon ovale, in-8°, gravé à la manière du
lavis.

Très belle épreuve. Rare.

QUEVERDO (D'après F. M. J.)

225. Le Bouquet galant. — La Surprise amoureuse. Deux
pièces, faisant pendants, gravées par Le Beau.

Très belles épreuves.

REYNOLDS (D'après Sir Josuah)

226. Bartolozzi (François, célèbre graveur, par R. Marcuard. In-f°, ovale.

> Superbe et très rare épreuve avant la lettre (lettres tracées).

227. *Elizabeth Duchess of Buccleugh and Daughter*, en pied, gravée à la manière noire, par J. Watson. In-f°.

> Très belle épreuve. Cadre doré, style Louis XVI.

228. *The Honble George Seymour Conway*, gravé à la manière noire, par E. Fischer. In-f°. Rare.

> Très belle épreuve. Rare.

ROUSSEAUX (Ph.)

229. Sévigné (Marie de Rabutin-Chantal, marquise de), d'après le pastel de Nanteuil. In-f°.

> Superbe épreuve avant toutes lettres, sur chine.

ROUSSELET (Æg.)

230. Gondy (Paul de), cardinal de Retz. — Talon (Denis), avocat général, puis président à mortier. 2 portraits in-f°, gravés d'après Ph. de Champaigne.

> Très belles épreuves.

SAINT-AUBIN (G. de)

231. Spectacle des Tuileries, 2ᵉ vue (De B. 74).

> Superbe épreuve. Rare.

SAVART (P.)

232. BOILEAU. — Cardinal de BERNIS. — COLBERT.
2 épreuves avec différences. — LOUIS-LE-GRAND,
RACINE, etc. 7 portraits in-8°.

Très belles épreuves.

SCHELLEY (D'après S.)

233. *Abra Sparabella*. — 2 petites pièces, faisant pendants,
gravées par C. Taylor, 1787.

Très belles épreuves tirées en bistre. Marges.

SCHMIDT (G. F.)

234. Son portrait dit à l'Araignée, In-4°.

Très belle épreuve avant la troisième contre-taille sur le
mur, au-dessus du baromètre.

235. SCHMIDT dessinant. — Mme SCHMIDT, 3 portraits différents. Ensemble 4 pièces, in-8° et in-4°.

Très belles épreuves.

236. ARNIM (G. Dietlef d'), d'après Ant. Pesne. In-f°.

Très belle épreuve.

237. FRÉDÉRIC-HENRI-LOUIS, prince de Prusse, d'après
M. Vanloo. In-f°.

Très belle épreuve avec la lettre mais avant les deux
points entre *du Roy* et *1767*.

238. GRAPENDORF (L. A. de Brandt, baronne de), d'après
Le Sueur. In-f°.

Très belle épreuve. Grande marge

239. MIGNARD (Pierre), premier peintre du roi, d'après H. Rigaud. In-f°.

> Très belle épreuve avant l'astérisque au milieu de la marge inférieure, sous le trait carré.

240. PIERRE LE Grand, d'après Nattier, in-8°.

> Très belle épreuve avec une grande marge, la tête seule est gravée par Schmidt, le reste du portrait par Tchemesow. Fort rare.

241. SAINT-ALBIN (Charles de), archevêque de Cambrai, d'après H. Rigaud.

> Très belle épreuve. Grande marge.

242. SILVA (J. B.), docteur régent de la Faculté de médecine de Paris, d'après H. Rigaud. In-f°.

> Très belle épreuve avec marge.

243. Le diacre PARIS, à genoux. — Le diacre PARIS et l'abbé TOURNUS, debout. — GUYOT DESFONTAINES. — FRÉDÉRIC GUILLAUME, électeur de Brandebourg. — FRÉDÉRIC III, roi de Prusse. — Comte SCHUVALOW. 6 portraits in-4° et in-8°.

> Très belles épreuves.

244. La Juive fiancée. — Le Prince de Gueldres, menaçant son père. — Le prince d'Orange et Cats. 3 pièces d'après Rembrandt et G. Flinck.

> Très belles épreuves.

SCHMIDT et TARDIEU

245. ALEXANDRE Ier, empereur de Russie. 2 portraits in-f°.

> Très belles épreuves, l'une d'elles est avant la lettre. Grandes marges.

SCHULZE (C. G.)

Beral 246. FRANÇOIS II, empereur et roi des Romains, d'après KIMLI. In-f°.

Superbe épreuve avant la lettre.

SCHUPPEN (P. Van)

Beral 247. ANGLURE DE BOURLEMONT (Ch. F,), archevêque de Toulouse. — CAMUS (N. L.), premier président à la cour des aides. — ALEXANDRE IX, pape. 3 portraits in-f° gravés d'après Ferdinand et Mignard.

Superbes épreuves,

SOUTMAN (D'après P.)

248. JEAN-SANS-PEUR. -- PHILIPPE LE BEAU. — JEANNE LA FOLLE. 3 portraits in-f° gravés par Louys et Suiderhœf.

Très belles épreuves, deux sont avant les numéros.

STHOTARD et SINGLETON (D'après)

249. *Tenant's family.* — *British plenty.* 2 pièces, en hauteur, faisant pendants, gravées par Ward et Knight.

Très belles épreuves tirées en bistre.

STRANGE (R.)

Beral 250. CHARLES Ier, roi d'Angleterre, en pied, et en manteau royal, d'après Ant. Van Dyck. In-f°.

Très belle épreuve. Toute marge.

Beral 251. HENRIETTE DE FRANCE, femme de Charles 1er roi

d'Angleterre et ses enfants, d'après Ant. Van-Dyck.
Grand in-f°.

Superbe épreuve avant toutes lettres.

SURUGUE (L.)

252. Mme de M** (Monchy), en habit de bal, d'après C. Coypel. I-nf°.

Superbe épreuve avant toutes lettres. Très rare.

TARDIEU (A.)

253. BARRAS (Paul), directeur, en pied, d'après Hilaire Le Dru.

Très belle épreuve lettres grises.

THOMAS (N.)

254. SAINT GERMAIN (Comte de), célèbre alchimiste. In-f°.

Très belle épreuve avant les inscriptions tracées de chaque côté des armes.

THOMASSIN (S. H.)

255. LOUIS XV, roi de France, grand portrait équestre gravé d'après Parrocel et Vanloo.

Très belle épreuve.

TROUVAIN (Ant.)

256. TREMOUILLE (Calliope de La), abbesse de Pont-aux-Dames, d'après De Troy. In-f°.

Très belle épreuve avant le nom du peintre.

VERNET (D'après C.)

257. Oh! c'est bien ça, par Levachez.

> Très belle épreuve en couleurs, tirée avant que le titre ait été remplacé par celui de : *Costumes Anglais et Français.*

VERMEULEN (C. M.)

258. MESMES (J. A. de), comte d'Avaux, plénipotentiaire à la paix de Nimiègue, d'après N. de Largillière. In-f°.

> Superbe épreuve ayant toutes lettres et avant les chiffres qui se trouvent à chaque angle de la planche. Très rare.

VIGNETTES

259. Titre du Ier volume du Décameron de Boccace, édition gravée par Le Mire d'après Gravelot. In-18.

> Deux épreuves dont l'une très rare est à l'état d'eau-forte.

260. Frontispice-titre pour les métamorphoses de Ovide édition.
Portrait de Louis XV, tête de page pour le traité des horloges marines.

> 2 pièces in-4° gravées par Choffard.
> Superbes épreuves avant la lettre. Grandes marges.

261. Frontispice du Temple de Gnide, édition de gravé par N. Le Mire, d'après Eisen, in-8°.

> Très belle et rare épreuve avant toutes lettres.

262. Tête de page de la Description du Mausolée de Charles III, roi de Sardaigne, par L'empereur. (E. B. I.).
Tête de page de la Description du Catafalque et du Cénotaphe de Louis XV, par N. de Launay (27.). 2 épreuves en premier et second états.

Tête de page de la Description du Mausolée érigé dans l'abbaye Royale de Saint-Denis, le 27 juillet 1774, par N. de Launay (28), épreuve du 2ᵉ état. Ensemble quatre pièces d'après Moreau le Jeune.

Superbes épreuves avec marges.

263. Frontispice du catalogue de Basan.

Tête de page du catalogue des Chevaliers du Saint-Esprit. — Frontispice de la Henriade. — Tête de page pour l'éloge de Henri IV. — Tête de page des œuvres de Montesquieu, etc. 27 pièces d'après Boucher, Eisen, Gravelot et autres artistes.

Très belles épreuves, plusieurs sont avant la lettre ou à l'état d'eau-forte.

264. Collection de 19 vignettes, par et d'après Cochin, Le Barbier, Mornet, etc, pour l'Emile de J.-J. Rousseau, Télémaque et autres ouvrages.

Très belles épreuves, plusieurs à l'état d'eau-forte ou avant la lettre.

VÉNITIEN (A.)

265. Soliman II (B. 518). — Barberousse (l'Empereur) (520). 2 portraits in-f°.

Belles épreuves.

VERKOLJE?

266. Marie, reine d'Angleterre, vue à mi-jambes, tenant le sceptre à la main. Pièce in-f°, gravée à la manière noire, éditée chez N, Vischer à Amsterdam.

Très belle épreuve. Marge.

VUES

267. Strasbourg, vue du côté du Septentrion; au dessous, dans un cartouche, le plan de la ville.

> Curieux dessin par Et. Barbier, officier dans Chamboran.

268. Vue du pont projeté par le S. Perronet pour être construit sur la Seine, au droit de la place Louis XV. — La Place de la Concorde, prise des Champs-Élysées. 2 pièces gravées d'après Courvoisier, Demartrais et Lesage.

> Très belles épreuves.

269. Vues de Vienne et de ses environs. 30 pièces dessinées et gravées par Schultz, Ziegler et Jahscha.

> Très belles épreuves, anciennement coloriées. 25 sont sans marges.

WAGNER (J.)

270. ELISABETH PETROWNA, impératrice de Russie, d'après Amiconi. In-f°.

> Très belle épreuve.

WARD (Par et d'après W.)

271. *Louisa.*

WATSON (J.)

272. GUERCHY (Comte de), ambassadeur de France, en Angleterre, gravé à la manière noire, d'après M. Vanloo. In-f°.

> Superbe épreuve avant toutes lettres.

273. Lunsdom (Miss) lisant ; gravé à la manière noire d'après
Willison. In-f°.

Très belle épreuve.

WATTEAU (D'après Ant.)

274. Louis XIIII mettant le cordon bleu à Monsieur de
Bourgogne, père de Louis XV, roi de France
règnant. Gravé par N. de Larmessin.

Très belle épreuve. Grande marge.

275. La Mariée de village. Grande estampe en largeur,
gravée par C. N. Cochin.

Très belle épreuve.

276. Le Bosquet de Bacchus, par C. N. Cochin.

Très belle épreuve. Marge.

277. L'Embarquement pour Cythère, par Tardieu.

Très belle épreuve, remargée au trait carré.
Cadre doré, style Louis XIV.

278. Les Saisons, suite de 4 pièces en hauteur gravées par
différents graveurs, dont nous ne possédons que
trois (manque le Printemps).

Très belles épreuves.

WHEATTEY (D'après F.)

279. A lover's anger, par P. Simon.

Très belle épreuve tirée en bistre avec les inscriptions à
la pointe.

WIERRIX (Les)

280. BALZAC (Henriette de), marquise de Verneuil (Alv,
1860). Petit in-f°.

> Très belle épreuve avec l'adresse de *H. Adolfz*.

281. BOURBON (Catherine de), duchesse de Bar (1872).
Petit in-f°.

> Très belle épreuve tirée avant que l'adresse de *Harman
> Adolfz* ait été remplacée par celle de *Hondius*.

WIERRIX et SADELER

282. ANDRÉ, cardinal d'Autriche. — FARNESE (Alexandre).
— HOSPITAL (Michel de). — L'empereur MATHIAS.
4 portraits in-8° et in-4°.

> Très belles épreuves, la dernière pièce est avant toutes
> lettres.

WILLE (J.-G.)

283. BOULLONGNE, contrôleur général des Finances, d'après
H. Rigaud. In-f°.

> Très belle épreuve.

284. ERLACH (Jérôme d'). Advoyer de la Ville de Berne et
Feld-maréchal de l'Empereur Charles VI, d'après
le chevalier Rasca. In-f°.

> Superbe épreuve du 1ᵉʳ état : avec les inscriptions en
> allemand. Très grande marge.

285. FRÉDÉRIC II, roi de Prusse, d'après Pesne. In-4°.

> Très belle épreuve avec marge.

Beral 286. LESCALOPIER, intendant de Montauban, en 1740, et
de Tours, de 1756 à 1766. In-4°, ovale.

Superbe épreuve ayant toute sa marge. Rare.

Beral 287. LOWENDAL (Waldemar de), maréchal de France,
d'après De La Tour. In-f°.

Très belle épreuve,

Beral 288. QUESNAY (François), médecin et chirurgien, d'après
J. Chevalier. In-f°.

Très belle épreuve.

289. SINGLIN (Antoine de), supérieur de l'abbaye de Port-
Royal-des-Champs, d'après Ph. de Champaigne.
Petit in-f°.

2 épreuves dont l'une très belle est avant toutes lettres.

Beral 290. VILLEROY (François de Neufville, duc de), maréchal
de France, d'après J. Chevalier. In-f°.

Superbe épreuve ayant toute sa marge.

Beral 291. CHARLES, comte D'AUMALE.. — FRANÇOIS CHYCOINEAU,
médecin. — HENRI BENOIST, 2° fils de Jacques
Stuart. — CHARLES-FRÉDÉRIC, margrave de Bade
d'Urlach. — C. SIVERSEN ADELER, grand amiral
de Danemarck. — JEAN MARTIN PREISLER, graveur.
— La Belle-sœur de Wille? 7 portraits in-4° et
in-8°.

Très belles épreuves,

WORTMAN (Ch.-Al.)

De Brion 292. ANNE IVANOWNA, impératrice de Russie, d'après Caravaca. In-f°.

Très belle épreuve,

De Bion 293. **Anne Petrowna**, duchesse de Schleswig-Holstein.
In-f°.

Très belle épreuve.

De Bion 294. **Catharina-Alexiewna** (La Grande Duchesse). In-f°.
Très belle épreuve.

De Bion 295. **Pierre II**, empereur de Russie, d'après Ludden. In-f°.
Très belle épreuve, marge.

*Portraits in-8° et in-4°, classés chronologiquement
et par suites.*

Béral 296. Collection de 14 portraits in-8° et in-4°, de personnages célèbres, vivant à la fin du xvi° et au commencement du xvii° siècle, gravés par L. Gaultier,
Mallery, C.-F. Galle et autres artistes :

> **Henri IV. — Amyot. — Pierre de Besse. — Feyrabend.
> — J. Lipse**, etc.
> Très belles épreuves.

297. Collection de 22 portraits, in-8° et in-4°, de personnages marquants, principalement du règne de
Louis XIII :

> **Louis XIII et Anne d'Autriche. — Prince de Condé. —
> — M. de Marillac. — P. de Gondy. — Cardinal de Ram-
> bouillet. — Duc de Montmorency**, etc.
> Très belles épreuves.

Béral 298. Collection de 44 portraits des personnages marquants
du règne de Louis XIII et de la Régence d'Anne

d'Autriche. édités la plupart chez *Balthazar Mont-cornet* :

Duchesse D'AIGUILLON. — Duc de CHEVREUSE. — P⁰⁰ de CONDÉ. — COMTE et Cᵗᵉ de COLIGNY. — Mⁱˢ de COISLIN Mⁱˢ DE PRASLIN. — Mⁱˢ D'EFFIAT. — GASSION. — Dᶜ DE GUISE. — Duc et Dˢˢᵉ de LONGUEVILLE. — Mᵐᵉ DE MONTESPAN. Dᶜ DE SAVOYE. — VITRY, etc.

Très belles et très fraîches épreuves avec marges.

299. Collection de 21 portraits, in-8° et in-4°, de personnages célèbres du règne de Louis XIII, gravés par L. Gaultier. A. Bosse. M. Lasne et autres artistes.

LOUIS XIII. — MARIE DE MÉDICIS. — Princesse de GUEMENÉE. — Princesse de ROHAN. — Paul de GONDY. — A. FABERT. — Duc de LESDIGUIÈRES. — MARILLAC, etc.

Très belles épreuves.

300. Collection de 18 portraits, in-8°, de Louis XIV et de princes et princesses de la famille royale, gravés par Desrochers, G. Huret, Landry, De Larmessin et autres artistes :

LOUIS XIV. — ANNE D'AUTRICHE. — MARIE-THÉRÈSE. — Le GRAND DAUPHIN. — Duc et Duchesse d'ORLÉANS. — Prince DE CONTI. — Duc et Duchesse de LORRAINE, etc.

Très belles épreuves.

301. Collection de 32 portraits, in-8° et in-4°, de personnages marquants du règne de Louis XIV, gravés par Callot, Cossin, Chereau, Duflos et autres.

BOILEAU. — BOSSUET. — BARÈME. — CASSINI. — CALLOT. — T. et P. CORNEILLE. — SAINT-ÉVREMOND. — Mˡˡᵉ DE GOURNAY. — LA FONTAINE. — LA BRUYÈRE. — DUC DE MONTAUSIER. — SAINT-SIMON. — VILLARS, etc.

Très belles épreuves.

Beral 302. Collection de 30 portraits, in-18 et in-8°, de femmes
célèbres du règne de Louis XIV, gravés par
Audran, Gantrel, Lenfant, Roullet et autres
artistes :

> La Mère Angélique Arnaud. — B^{ne} de Chantal. —
Mlle Legras. — Mlle de la Vallière. — Mme Deshoulières.
— Duchesse de Guise. — Marion Delorme. — Ninon de Len-
clos. — Duchesse de Mazarin. — Marquise de Sévigné, etc.
> Très belles épreuves.

Beral 303. Collection de 28 portraits, in-8° et in-4°; de poètes et
littérateurs vivant au xviii° siècle, gravés par des
artistes contemporains :

> Buffon. — Chaulieu. — Crébillon. — Decamps. —
Dorat. — Du Fresny. — Fontenelle. — Marivaux. —
Montesquieu. — L'abbé Prévost. — Raynal. — J.-J. Rousseau, etc.
> Très belles épreuves, 12 sont avant la lettre ou à l'état
d'eau-forte.

Beral 304. Collection de 20 portraits, in-8° et in-4°, de peintres,
graveurs et musiciens vivant au xviii° siècle, gravés
par Cathelin, Chodowieki, Liotard, Ravenet et
autres artistes :

> Baléchou. — Chodowieki. — L. Cars. — F. Chereau.
— Liotard. — Mlle Lecomte. — Vanloo. — Gluck. —
Gréty. — Haidn. — Piccini. — Sacchini, etc.
> Très belles épreuves dont plusieurs avant la lettre et à
l'état d'eau-forte.

Beral 305. Collection de 16 portraits, in-8° et in-4°, de Louis XV,
de princes et princesses de la famille royale et de
personnages de la cour gravés par Chereau,
Duflos, Sergent et autres artistes :

> Le Régent. — Louis XV. — Le Dauphin. — L'Infante
d'Espagne. — Duc de Chartres — Comte de Forbin. —
Chevert. — Dupleix, etc.
> Très belles épreuves, trois sont imprimées en couleurs.

Beral 3o6. Collection de 25 portraits, in-8° et in-4°, de femmes vivant au xviii° siècle, gravés par des artistes contemporains :

Mme DE POMPADOUR. — COMTESSE DU BARRY. — C^{sse} DE CARCADO. — Mme DU CHATELET. — C^{sse} DURAZZO. — Mme DE GENLIS. — Mme LAW. — ANGÉLIQUE CORNEILLE, etc. Très belles épreuves.

Beral 3o7. Collection de 32 portraits, croquis et pièces diverses, in-4° et in-8°, se rapportant à Voltaire, gravées par Alix, Barbié, Baléchou, Chodowiecki, Tardieu et autres artistes.

Très belles épreuves.

Beral 3o8. Collection de 18 portraits, in-8° et in-4°, d'écrivains de la fin du xviii° siècle, gravés par des artistes contemporains :

BEAUMARCHAIS. — A. CHÉNIER. — COLARDEAU. — DUPATY. — DIDEROT. — Baron GRIMM. — LINGUET. — RESTIF DE LA BRETONNE. — ROUHER. — VERTOT, etc. Très belles épreuves.

Beral 3o9. Réunion de 8 portraits, in-8° et in-4°, de Louis XVI, gravés par Le Beau, Dupin, Legrand, etc.

Très belles épreuves imprimées en noir et en couleurs.

Beral 3io. Collection de 12 portraits, in-8° et in-4°, de princes et de princesses de la Famille royale, gravés au burin et à la manière noire, par Brookschaw, Cardon, Ingouf et autres artistes :

LE DAUPHIN. — Mlle T^{se} CHARLOTTE, *Madame*. — LA Princesse ÉLISABETH. — Comte DE PROVENCE. — Comte et Comtesse D'ARTOIS. — Duchesse D'ORLÉANS. — Princesse de LAMBALLE. — Duc D'ENCHIEN, etc. Très belles épreuves.

Beral 311. Collection de 22 portraits, in-8°, gravés par Le Beau :

> BOUVART. — DUC DE BROGLIE. — DUC DE CHOISEUL. —
> Comte DE COSSÉ. — Comte d'ÉVREUX. — Comte D'ES-
> TAING. — Ch^{er} D'ÉON DE BEAUMONT. — DUC DE LA VRILLIÈRE.
> — DUC DE PENTHIÈVRE. — LENOIR. — Ant. LOUIS. — DE
> SARTINES, etc.
>
> Très belles et très fraîches épreuves ayant de grandes
> marges.

Beral 312. Collection de 30 portraits, in-8° et in-4°, d'artistes
dramatiques du XVIIIe et du XIXe siècle, gravés par
des artistes contemporains :

> AD. LECOUVREUR. — Mlle CLAIRON. — Mme DESBROSSES. —
> Mme DAUBERVAL. — Mme DE SAINT-HUBÉRTI. — Mme FAVART.
> — Cath. de SEINE. — Mlle BOURGOIN. — CARLIN BERTINAZZI.
> — LEKAIN. — BAPTISTE CADET. — BRUNET. — ELLEVIOU.
> GARDEL. — ODRY, etc.
>
> Très belles épreuves avant et avec la lettre.

Beral 313. Collection de 14 portraits, in-8° et in-4°, d'aéronautes.

> BLANCHARD, 3 portraits différents. — BOURGUET. —
> CHARLES. — M. et Mme GARNERAI. — MONTGOLFIER. —
> LUNARDI. — PILATRE DE ROZIER. — SADLER, etc.
>
> Très belles épreuves.

Beral 314. Collection de 18 portraits, in-8°, gravés par J. Barbié :

> CATHERINE II. — CHARLES III D'ESPAGNE. — CHEVERT. —
> Cte D'ESTAING, 2 épreuves. — FRÉDÉRIC II. — JOSEPH II. —
> MONTCALM, 3 épreuves en différents états. — J.-J. ROUSSEAU,
> épr. avant la lettre. — VOLTAIRE, épreuve avant la lettre.
> — Général WOLFF, etc.
>
> Très belles épreuves.

Beral 315. Collection de 38 portraits, in-8°, pour les classiques
de Renouard, gravés par A. de Saint-Aubin.

> Superbes et très fraîches épreuves, la plupart à l'état
> d'eau-forte ou avant la lettre. Grandes marges.

Béral 316. Collection de 39 portraits, in-18° et in-8°, gravés par N. de Launay et Delvaux, la plupart pour la collection Cazin :

Duc de Choiseul. — Dazincourt. — Dorat. — Mᵐᵉ Deshoulières. — Fénelon. — Fontenelle. — Gessner. — Malherbe. — Piron. — Rabelais. — Mᵐᵉ Du Chatelet. — Gresset, etc.

Très belles épreuves avec marges, huit sont à l'état d'eau-forte.

B. 317. Collection de 16 portraits, in-8° et in-4°, gravés par Choffard et Gaucher :

Le Serrurier. — Delaleu. — Bezou. — Lemaur. — Palissot. — Cᵗᵉ de Carcado. — Boufflers. — Foullon. — Florian, etc.

Très belles épreuves.

Béral 318. Collection de 19 portraits, in-8° et in-4°, gravés par Ingouf et Littret :

Du Belloy. — Cᵗᵉ de Caylus. — Mᴵˡᵉ Clairon. — Lᵉ Mⁱˢ de France. — De Montesquieu. — J.-J. Rousseau. — De Sartines. — Flipart : 2 épreuves à l'état d'eau-forte. — Ville, avec lettre et à l'eau-forte.

Très belles épreuves avec marges.

Béral 319. Collection de 36 portraits, in-4°, de députés à l'assemblée nationale publiés chez Déjabin.

Louis XVI. — Duc d'Orléans. — Bailly. — Barrère. — Barnave. — Boissy d'Anglas. — Buzot. — Guillotin. — La Fayette. — De Lanjuinais. — De La Rochefoucauld. — Mirabeau. — De Montesquiou. — Petion. — Robespierre. — De Talleyrand, etc.

Très belles et très fraîches épreuves ayant de grandes marges.

Béral 320. Collection des portraits de MM. les députés des trois ordres, assemblées à Versailles en 1789, 24 pièces.

in-4°, gravées par Allais Coqueret, Sergent, etc.,
publiés à Paris chez Levachez :

Duc d'Orléans. — Bailly. — Barrère. — Vᵗᵉ de
Beauharnais. — Cardˡ de La Rochefoucauld. — Lefranc
de Pompignan. — Boissy d'Anglas. — Buzot. — Mirabeau. — Cᵗᵉ de Montmorency. — Pétion. — Robespierre.
— Vadier, etc.

Très belles et très fraîches épreuves tirées en noir et en
bistre. Marges,

321. Collection de 17 portraits, in-8°, de députés à l'Assemblée Nationale publiés chez Mᵐᵉ Bergny et Vérité :

Bailly. — Barrère. — Cambon. — Couthon. —
Duport. — Fréteau. — Marat. — Maury. — Mirabeau.
— Necker. — Rabaut de Saint-Étienne, etc.

Superbes et très fraîches épreuves, avec marges, dont
quatorze sont imprimées en couleurs. Très rares.

322. Collection de 35 portraits, in-8°, dessinés et publiés
chez Bonneville :

Billaud-Varennes. — Brune. — Brissot. — Buzot. —
Chabot. — Chaumette. — Chᵗᵉ Corday. — Pˢˢᵉ Élisabeth.
— Fouquier-Tinville. — Henriot. — Lebon. — Marat.
— Mᵐᵉ Roland. — Robespierre. — Saint-Just. — San-
terre. — Tallien. — Vergniaud, etc.

Très belles et très fraîches épreuves avec marges.

323. Collection de 34 portraits, in-8° et in-4°, de personnages ayant joué un rôle dans la Révolution :

Brissot. — Bailly. — Babeuf. — Challier. — Cange.
Dillon. — Duramé. — Lavoisier. — La Fayette. — Le
Peletier Sᵗ Falgeau. — Marat. — Mirabeau. — Petion.
— Palloy. — Saint-Meard, etc.

Très belles épreuves, trois sont imprimées en couleurs.

324. Collection de 17 portraits, in-8° et in-4°, de Généraux
et autres personnages :

Agasse. — Augereau. — Andreossy. — Beaulieu. —

Championnet. — Desilles. — Hoche. — Kléber. — Lange. — Kosciuszko. — Marceau. — Pichegru, etc. 17 portraits in-8° et in-4°.

Très belles épreuves, quatre sont imprimées en couleurs.

325. Réunion de 7 portraits in-4° de chefs vendéens :

Charette. — Duval d'Espreménil. — Cl. Fauchet. — Vte de Montmorency-Laval. — De La Rochejaquelin.

Très belles épreuves. Rares.

326. Collection de 20 portraits in-8° et in-4° de personnages Anglais et Américains :

Bacon. — Charles Ier. — Marlborough. — D^se de Portsmouth. — C^sse Cook. — Adam Smith. — Mme Montaigne. — Pitt. — Schiavonetti. — Romney. — Gainsborough. — Franklin. — P. Jones. — Newton. — Washington. etc.

Très belles épreuves.

327. Collection de 19 portraits, in-8° et in-4°, de personnages Autrichiens, Danois, Suédois et Russes :

Marie-Thérèse. — François Ier. — François II. — Joseph II. — Prince de Ligne. — Loudon. — Paul Ier. — P^ce et P^sse Gargarin. — Tekeli. — Gustave III. — Reine Mathilde, etc.

Très belles épreuves.

9 782329 502663